Découvrez des Jeux Gratuits en Ligne

Disponible Ici :

BestActivityBooks.com/FREEGAMES

5 ASTUCES POUR DÉMARRER !

1) COMMENT RÉSOUDRE LES MOTS MÊLÉS

Les puzzles sont dans un format classique :

- Les mots sont cachés sans espaces, tirets, ...
- Orientation : Les mots peuvent être écrits en avant, en arrière, vers le haut, vers le bas ou en diagonale (ils peuvent être inversés).
- Les mots peuvent se chevaucher ou se croiser.

2) UN APPRENTISSAGE ACTIF

Un espace est prévu à côté de chaque mots pour noter la traduction. Pour favoriser un apprentissage actif un **DICTIONNAIRE** à la fin de cette édition vous permettra de vérifier et étendre vos connaissances. Cherchez et notez les traductions, trouvez-les dans le Puzzle et ajoutez-les à votre vocabulaire !

3) MARQUEZ LES MOTS

Vous pouvez inventer votre propre système de marquage. Peut-être en utilisez-vous déjà un ? Sinon, vous pourriez, par exemple, marquer les mots qui ont été difficiles à trouver d'une croix, ceux que vous avez aimés d'une étoile, les mots nouveaux d'un triangle, les mots rares d'un diamant, etc...

4) STRUCTUREZ VOTRE APPRENTISSAGE

Cette édition vous offre un **CARNET DE NOTES** très pratique à la fin du livre. En vacances ou en voyage ou à la maison, vous pouvez facilement organiser vos nouvelles connaissances sans avoir besoin d'un second bloc-notes !

5) VOUS AVEZ FINI TOUTES LES GRILLES ?

Allez à la section bonus **CHALLENGE FINAL** pour trouver un jeu gratuit à la fin de cette édition !

Simple et Rapide ! Découvrez notre collection de livres d'activités pour votre prochain moment de détente et **d'apprentissage**, à juste un clic de distance !

Trouvez votre prochain défi sur :

BestActivityBooks.com/MonProchainLivre

À vos marques, prêts... Partez !

Saviez-vous qu'il existe environ 7 000 langues différentes dans le monde ? Les mots sont précieux.

Nous aimons les langues et avons travaillé dur pour créer les livres de la plus haute qualité pour vous. Nos ingrédients ?

Une sélection des thématiques d'apprentissage adaptée, trois belles parts de divertissement, puis nous ajoutons une cuillère de mots difficiles et une pincée de mots rares. Nous les servons avec soin et un maximum de plaisir pour vous permettre de résoudre les meilleurs jeux de mots mêlés qui soient et d'apprendre en vous amusant !

Votre avis est essentiel. Vous pouvez participer activement au succès de ce livre en nous laissant un commentaire. Nous aimerions vraiment savoir ce que vous avez préféré dans cette édition !

Voici un lien rapide qui vous mènera à la page d'évaluation de vos commandes :

BestBooksActivity.com/Avis50

Merci pour votre aide et amusez-vous bien !

De la part de toute l'équipe

1 - Été

```
W A G R S X J N F G S C L S
D S L X A K S K A A I A U N
H E G B N S M T M U D S D E
C U Z C D S J M I D E T O L
O K A X A O C U L I R R S T
A J I P L Z T S I U A A O Q
Y N B D I G Y I A M I C I S
L K X B A X Z C U G A W R T
C O N S E Q U A T M S R L R
I Y M A Q A Y I O G N G E A
B E N U U R C R O M H K B V
U H U E G K M H O R T U S E
M F C S T F F D R O Z U F L
B S I I Z G J O E D B N G F
```

AMICIS
CASTRA
SIDERA
FAMILIA
HORTUS
LUDOS
GAUDIUM
OTIUM

MARE
MUSICA
CIBUM
BEACH
CONSEQUAT
SANDALIA
TRAVEL

2 - Adjectifs #2

```
T  Y  H  N  O  D  T  O  H  L  M  C  P  A
S  X  X  O  F  O  R  T  I  S  U  S  O  N
I  Q  X  V  L  N  A  S  A  N  U  S  T  A
C  E  F  U  A  A  G  U  P  O  T  N  E  T
C  O  L  M  U  T  I  P  U  B  S  E  N  U
U  A  M  E  T  U  C  E  R  I  W  C  S  R
M  G  S  M  G  S  U  R  U  L  C  R  A  A
J  C  S  P  O  A  S  B  S  I  Q  E  I  L
V  I  O  M  D  D  N  U  G  S  T  A  B  I
F  R  U  C  T  U  O  S  A  G  C  T  O  S
W  T  X  W  T  J  R  Y  A  F  E  R  A  J
K  V  T  R  G  R  S  M  S  L  W  I  D  R
B  C  V  E  R  A  M  C  K  T  S  X  H  U
D  E  S  C  R  I  P  T  I  V  E  A  U  E
```

VERAM	NATURALIS
NOBILIS	NOVUM
CREATRIX	FRUCTUOSA
DESCRIPTIVE	POTENS
DONATUS	PURUS
TRAGICUS	AMET
ELEGANS	SANUS
SUPERBUS	SALSA
FORTIS	FERA
COMMODO	SICCUM

3 - Exploration

```
U D I C U L T U S T A S B A Y
Y E I G R F I T J U N P X C
E T Z S N A Q Z N M I A Y T
F E R A C O R E T U M T D I
I R X C M E T S O L A I I O
S M A F I Q R U Y T L U S F
L I N G U A I E M U I M T A
O N O Z I W H N K S A F A N
J A Y T M H L L V V K B N I
H T R A V E L S T E G H T M
H I M Q T K T R Q C N H O U
J O D A L Z N O V U M T X S
V L R Y W A X J Y M S N I L
V Q D B P B R E A B K O C O
```

ACTIO   TUMULTUS
ANIMALIA   IGNOTUM
DISCERE   LINGUA
ANIMUS   DISTANT
CULTUS   NOVUM
INVENTIO   FERA
DETERMINATIO   TRAVEL
SPATIUM

4 - Formes

```
C O P Q P W C Y L I N D R O
I X R Y A P O L Y G O N U M
R O I W R R A N G U L O Z A
C F S M T A C O A F X P L B
U W M E E K M N G C U B U S
M Y A E D A V I O O F N K P
C A H K L B D D D N E Z U H
R I D I W G F S R I M G L A
T Z R D Y O R A S D S X I E
K S O C R V X O H Q O G N R
O P X Q U A D R A T U M E A
B S G E O L I C X M Z O A U
W H X D A Y U E L L I P S I
Q C U R V A B S Z Y E O B Q
```

ARC	CYLINDRO
ORAS	ELLIPSI
QUADRATUM	LINEA
CIRCULUS	OVAL
ANGULO	POLYGONUM
CURVA	PRISMA
CONI	PYRAMIDIS
PARTE	CIRCUM
CUBUS	SPHAERA

5 - Adjectifs #1

```
L Z D X A R O M A T I C U M
I M O D E R N O B M O J D B
B A M B I T I O S A E O O A
E I Q A R T I S O W R T P I
R E I I Q T H G L B Q A P X
A J X L J E M G U W S R U I
L U Y O S A F R T L W D L N
I A M Q T F Q A A I V U C N
S N W M M I U V E N E S H O
A C T I V A C I I G I Q R C
T E N U I S J S D E Q B A E
L W D W A U M A E N L J H N
P E R F E C T U M S J F C S
W S C M A X I M U S A P L F
```

ABSOLUTA
ACTIVA
AMBITIOSA
AROMATICUM
ARTIS
NIBH
PULCHRA
EXOTIC
INGENS
LIBERALIS

AMET
IDEM
MAXIMUS
INNOCENS
IUVENES
TARDUS
GRAVIS
TENUIS
MODERN
PERFECTUM

6 - Instruments de Musique

```
P  R  E  X  G  I  S  Y  O  C  Z  T  H  X
L  E  X  S  O  N  A  T  A  Q  K  S  Z  H
P  K  R  G  G  T  Z  R  V  I  T  A  E  H
T  I  D  C  I  T  H  A  R  A  I  X  U  B
Y  T  A  D  U  B  T  R  O  M  B  O  N  E
M  I  D  N  B  S  I  I  A  K  I  P  M  J
P  B  F  A  O  X  S  E  W  X  A  H  A  X
A  I  R  T  S  P  I  U  K  O  V  O  N  C
N  A  E  U  X  W  L  Q  S  K  R  N  D  E
U  E  F  B  M  V  K  E  N  H  P  E  O  L
M  R  P  A  Q  V  I  X  N  T  G  X  L  L
H  A  R  M  O  N  I  C  A  I  O  O  I  O
B  A  N  J  O  H  F  R  V  L  N  S  N  Z
B  A  S  S  O  O  N  R  H  J  G  D  Y  N
```

BANJO	MANDOLIN
BASSOON	PERCUSSUS
PLENI	PIANO
TIBIAE	SAXOPHONE
TIBIA	TYMPANUM
GONG	TROMBONE
CITHARA	TUBA
HARMONICA	VITAE
SONATA	CELLO

7 - Échecs

```
C O N S I L I O R A M X X P
R E G I N A U V E D X P W L
X Z Y W P L P F X V E Q P U
C E R T A M E N K E I O A D
M J L W P L N I G R U M S I
P R A E C E P T A S F K S O
U M M L E D A I L A L P I L
N Q B O B Q F N Y R U T V U
C D J W T U B I B I D E A D
T E M C O N S Y S U U M D I
A D I A M E T E R S M P I U
F O R T I S S I M U S U U S
S A C R I F I C I U M S Q L
H K D N U D I S C E R E I S
```

ADVERSARIUS   PASSIVA
DISCERE   PUNCTA
ALBUS   REGINA
FORTISSIMUS   PRAECEPTA
CERTAMEN   REX
DIAMETER   SACRIFICIUM
LUDUM   CONSILIO
LUDIO LUDIUS   TEMPUS
NIGRUM

8 - Herboristerie

```
Q  F  R  P  F  A  C  P  O  E  Z  X  N  C
D  M  S  E  R  I  P  R  M  L  E  G  S  U
F  O  T  T  A  B  S  V  O  O  I  D  M  L
J  R  E  R  F  A  E  N  I  C  U  L  I  I
Q  I  R  O  P  U  D  S  Q  Z  U  P  W  N
T  G  O  S  S  A  P  O  R  E  M  S  Z  A
A  A  S  E  U  G  B  X  E  H  J  B  V  R
R  N  M  L  M  T  L  R  M  P  Z  A  O  Y
R  I  A  I  X  R  I  H  E  C  A  S  I  A
A  P  R  N  I  F  S  L  O  C  V  I  A  P
G  B  I  U  V  W  I  G  E  R  F  L  O  S
O  E  N  M  I  N  T  T  R  J  T  I  U  R
N  Z  U  Y  S  L  U  T  H  Y  M  U  M  S
C  K  S  A  L  L  I  U  M  W  S  S  S  P
```

ALLIUM	CASIA
BASILIUS	ORIGANI
UTILE	MINT
CULINARY	PETROSELINUM
TARRAGON	ROSMARINUS
FAENICULI	CROCUS
FLOS	SAPOREM
HORTUS	THYMUM

9 - Véhicules

```
V K S U B M A R I N E K C M
C I R T C A R S S E A J O O
R Q V R A T I S Q T Q V M T
C I T A M B U L A N C E I O
S D A C M W K T N W N I T R
C I X T A U Q I V C F S A P
O O I O T I S R D W D U T K
O B M R X Z N E L B O B U D
T B F I D L C S V Q L W M T
E P O R T T I T O R O A L I
R D Q C S A P P C D R Y D O
E R U C A P T E O D O O T L
E G P E K N V U L D Q V Z M
H E L I C O P T E R B R W G
```

AMBULANCE	MOTOR
VIVAMUS	TIRES
NAVI	RATIS
DOLOR	SCOOTER
COMITATUM	SUBMARINE
PORTTITOR	TAXI
ERUCA	TRACTOR
HELICOPTER	COMITATU
SUBWAY	CAR

10 - Camping

```
H  A  T  M  H  J  H  Y  Q  J  R  A  L  A
L  P  D  O  B  O  Z  A  D  Z  C  R  A  N
I  P  T  N  R  C  G  W  M  D  Q  A  C  I
N  A  A  T  S  A  N  F  H  M  R  S  U  M
T  R  E  E  I  N  S  E  C  T  O  S  S  A
E  A  X  M  L  U  N  A  G  C  V  C  G  L
R  T  M  D  V  G  F  E  I  A  E  G  K  I
C  U  F  I  A  F  S  Q  G  M  N  R  X  A
A  O  N  A  T  U  R  A  N  E  A  M  E  M
S  W  R  U  B  N  M  I  I  R  T  T  A  B
U  F  J  N  Q  E  U  H  S  A  I  D  L  P
S  P  F  X  U  M  X  M  U  M  O  J  P  V
D  E  C  I  M  A  S  L  E  B  N  D  F  E
X  G  U  T  E  B  G  F  K  P  E  J  D  Q
```

ANIMALIA	IGNIS
CASUS	SILVA
DECIMA	HAMMOCK
CAMERAM	INSECT
LINTER	LACUS
MAP	CORNU
HAT	LUNA
VENATIONE	MONTEM
FUNEM	NATURA
APPARATU	

11 - Conservation

```
L C F W S H M I O I V M R O
G S O R G A N I C C Q E E Q
E A Q U A B L N B I E D D S
A C P Y F I C U S U Q U U C
T P O Y G T J L T P F C C A
N M Y S X A F L Y E G A E E
W W L J Y T R A B X M T R L
G M W X Y S N M B I A I E I
C U R S U S T J O V U O A I
A L I Q U A M E U G Q N V R
P O L L U T I O M E E J E P
L M U T A T I O N E S H G Z
N A T U R A L I S D S W Q Y
P E S T I C I D E P O Z X Z
```

MUTATIONES   HABITAT
CAELI   NATURALIS
CURSUS   ORGANIC
NULLAM   PESTICIDE
AQUA   POLLUTIO
ALIQUAM   REDUCERE
ECOSYSTEM   SALUTEM
EDUCATION

12 - Écologie

```
O P E S I C C I T A T E V C
N A T U R A L I S H U O E Q
U L D U I E R P L A N T I S
L U M I T L K X M B W M N S
L D X N V I U X Z I K A A P
A E D G F E D O A T J R T E
M M U S Q O R X N A D I U C
M O N T E S N S L T F N R I
V O L U N T A R I I S E A E
H Z B G F R P S U T J D U S
D F R Q P L Z T U K A G O V
G V A V W J O N X P P S G C
S A L U T E M R X R C E C K
C O M M U N I T A T E S C L
```

VOLUNTARIIS
CAELI
COMMUNITATES
DIVERSITAS
NULLAM
SPECIES
FLORA
HABITAT
PALUDEM

MARINE
MONTES
NATURA
NATURALIS
PLANTIS
OPES
SICCITATE
SALUTEM

13 - Astronomie

```
O B S E R V A T O R I U M C
C A E L U M G S O O L V A O
L L Z A S T E R O I D E M S
A S T R O N A U T L R V R M
T M V B P L A N E T A E A O
S E V G F U S M K E E R D S
I E R P I N T W F D U D I Z
D P R R C A R N E B U L A S
U Y U O A A O X S V T P L V
S E R U C A L F C H M B I P
S U P E R N O V A K M D S R
U R F V I Q G G A L A X I A
S B F H R I U I K J F U G C
O E C L I P S I S W R F K V
```

ASTEROIDEM	LUNA
ASTRONAUT	NEBULA
ASTROLOGUS	OBSERVATORIUM
CAELUM	PLANETA
SIDUS	RADIALIS
COSMOS	SOLARIS
ECLIPSIS	SUPERNOVA
ERUCA	TERRA
GALAXIA	

14 - Types de Cheveux

```
F Q S G T Z C R I S P U S C
C L E T E A I S D C G J L A
J W A U N L N I G R U M E L
N W U V U B C E E W G O N V
B L W D I U I G R A Y L I U
C C O Q S S N D A U D L S S
R O R F S X N E R B N I N K
A S L U T U I N G R U S E O
S I D O S O S I E O N M H K
S C L K R I Z Q N W F A R X
U C N T U A L U T N A J G G
S U V B J X T E U H U E M W
H M S A N U S U M I I B B S
T O R T I S N J M E Y C M G
```

ARGENTUM   CRISPUS
ALBUS   GRAY
FLAVIS   LENIS
CINCINNIS   DIU
CRUS   BROWN
CALVUS   TENUIS
COLORATUM   NIGRUM
DENIQUE   SANUS
MOLLIS   SICCUM
CRASSUS   TORTIS

15 - Mammifères

```
L  P  A  N  T  H  E  R  A  A  H  F  Z  R
C  E  L  Q  R  J  F  B  M  G  K  L  E  Y
O  V  P  M  V  M  L  C  A  N  I  S  B  O
Y  L  G  U  P  F  E  H  C  L  E  Z  R  Y
O  V  E  S  S  S  O  S  R  J  E  N  A  K
T  A  U  R  U  S  A  E  O  N  L  N  F  E
E  T  I  G  E  R  N  P  P  Y  E  T  A  Q
O  R  C  I  J  U  V  V  U  L  P  E  S  U
Q  X  F  O  L  U  Q  Z  S  G  H  R  I  U
W  U  E  E  U  R  S  U  S  U  A  O  M  S
A  U  L  M  L  U  C  Z  H  Z  N  K  I  W
P  F  Z  I  H  I  T  H  T  F  T  T  A  V
O  L  U  P  U  S  S  V  H  P  I  S  L  I
Q  D  E  L  P  H  I  N  I  D  S  Z  Y  K
```

BALENA   LEPUS
FELIS   LEO
EQUUS   LUPUS
CANIS   OVES
COYOTE   URSUS
DELPHINI   VULPES
ELEPHANTIS   SIMIA
PANTHERA   TAURUS
ORCI   TIGER
MACROPUS   ZEBRA

16 - Sports

```
G M L Y T J V G P E A W B B
M O T U S K C Q U V T K Q A
X X L J D H L S U I H X I S
L W V F O I I D B C L E D E
S I D V L Z O E J T E E O B
O V I I O P V L S O T Q G A
W V F M R G I H U R A L Y L
E Q N V J O S T A D I U M L
V I N D I C I A E M I D N Z
R U L T R I C E S L P U A P
E A T R I S T I Q U E M S T
A X E H Z I T C X K A X I L
U H K D T P O G A I M R U W
G Y M N A S T I C A E S M H
```

ATHLETA
BASEBALL
ULTRICES
VINDICIAE
RAEDA
DOLOR
VICTOR
GOLF

GYMNASIUM
GYMNASTICAE
LUDUM
LUDIO LUDIUS
MOTUS
STADIUM
TRISTIQUE

17 - Chocolat

```
Y Q I D P J M X G D S Q S C
J Q W U U G H L U X T U A O
B L J L L R V S S C A X P N
M X G C V S N I T C P J O S
Q Z S I E M C N U M P O R E
W J Q S R L T Y S F E I E Q
K P R V I G Q V A Y T F M U
G V H B S K U P U D I J B A
D E L E C T A M E N T U M T
O N Q E X G L Q N A U E Y S
L T V E F O I P B M S V H U
O U W H A R T I S A N A L G
R S D Y J N A I L R C W L A
D U Z G D H S M C A O H M R
```

AMARA
ARTISANAL
DELECTAMENTUM
DULCIS
APPETITUS
EXOTIC
VENTUS

GUSTUS
DOLOR
PULVERIS
QUALITAS
CONSEQUAT
SAPOREM
SUGAR

18 - Mathématiques

```
A G R D P O L Y G O N U M J
R E E P I J N F Q E U U F Z
I O C L P V M U V S M X F A
T M T D E C I M A L E S D K
H E A N R X T S X O R U E M
M T N E I B E P I H I G R W
E R G Q M V J R Y O D I A M
T I U Y E Q U A D R A T U M
I A L J T M A E Q U A T I O
C G U X E R A D I U S D N M
A H M E R E O I P Y U N M T
E X P O N E N T N T M R E M
Z I F R A C T I O C M V F X
A N G U L I S S P H A E R A
```

ANGULI   GEOMETRIA
ARITHMETICA   NUMERI
QUADRATUM   PERIMETER
DECIMALES   POLYGONUM
DIAM   RADIUS
DIVISIO   RECTANGULUM
EXPONENT   SUMMA
AEQUATIO   SPHAERA
FRACTIO   PRAEDITIS

19 - Mythologie

```
A L A B Y R I N T H U S Y B
R T O N I T R U A H E P A E
C A E L U M C U L T U R A L
H O F O P I N I O N E S Q L
E C O L E G E N D H S Y T A
T T R I U M P H A N T E S T
Y F T E C O M C Z E L U S O
P U I Q A R T O R V N E H R
U L T F U T S M N X H Y E L
M G U Y R A U B R S L I R C
Y U D Y U L J R X K T R O Y
Z R O V K E J X A J Y R S I
M A G I C A L I S P L H U Y
M O R I B U S C L A D I S M
```

ARCHETYPUM   HEROS
CLADIS   ZELUS
CAELUM   LABYRINTHUS
MORIBUS   LEGEND
CREATURA   MAGICALIS
OPINIONES   MONSTRUM
CULTURA   MORTALE
FULGUR   TONITRUA
FORTITUDO   TRIUMPHANTES
BELLATOR

20 - Restaurant #2

```
C O C H L E A R I A S R H L
A C X T L U F M A S S A E E
P R A V S S U E R A F S A G
Y K O T Q V R L G L R M S U
M G E M H W C I G G U O C M
P K F Z A E A T L S C I Y I
I C E X H T D J L E T Q F N
S O P Y J Q A R Q S U Y P A
C G V X J V T J A P S Q E H
E D E L E C T A M E N T U M
S C N A S Z A Y A O J R F E
E A P Q P N X C Q J V H J B
M E N U G N L R V D M A G A
R B X A L Y P R A N D I U M
```

CATHEDRA   MASSAE
COCHLEARI   ICE
DELECTAMENTUM   LEGUMINA
PRANDIUM   OVA
AQUA   PISCES
AROMATA   SEM
FURCA   SAL
FRUCTUS   ELIT

21 - Couleurs

```
Y  V  O  G  U  V  D  B  D  R  P  I  N  K
X  J  N  S  Y  Y  Q  Z  I  H  U  K  I  C
Q  B  E  I  G  E  X  B  R  O  R  E  G  A
A  L  B  U  S  V  R  A  E  N  P  K  R  E
F  U  C  H  S  I  A  V  D  C  U  B  U  R
L  E  P  U  R  P  U  R  A  U  R  R  M  U
A  V  L  O  N  G  R  E  Y  S  E  O  I  L
V  I  R  I  D  I  S  J  Y  B  O  W  N  U
U  S  M  L  K  O  W  X  C  H  J  N  E  S
M  S  Z  V  T  K  U  X  I  M  U  E  H  A
Y  T  L  K  H  R  E  Z  I  E  X  Q  M  T
G  F  P  G  F  O  L  U  V  G  C  X  V  T
B  N  Y  J  W  R  Q  T  K  O  G  S  D  E
C  K  J  M  L  N  S  L  F  J  P  L  B  N
```

CAERULUS	BROWN
BEIGE	NIGRUM
ALBUS	RHONCUS
BLUE	PINK
PURPUREO	RED
FUCHSIA	VIRIDIS
GREY	PURPURA
FLAVUM	

22 - Avions

```
C Y A G U B E R N A T O R N
T M K L C A E L U M Z Z V D
C O N S T R U C T I O N E V
V W A E R I S S Q R V V R C
P D T N G R T T C P X D S X
O E X G B G E U U A J U U U
R S I I T N L S D A S Q S A
T C A N T A V I T O L U C E
U E Q E F F R Q Q Q C N S R
M N Q V R L N A V I G A R E
T S G W N B A L L O O N G P
D U E S C A J M R M R S F U
B S T R A N S E U N T E K J
H I S T O R I A N S H C M L
```

AER
AERIS
PORTUM
CASUS
BALLOON
ESCA
CAELUM
CONSTRUCTIONE
DESCENSUS

VERSUS
CANTAVIT
INFLAMUS
ALTITUDO
HISTORIA
ENGINE
NAVIGARE
TRANSEUNTE
GUBERNATOR

23 - Aventure

```
O  P  R  A  E  P  A  R  A  T  I  O  S  P
P  C  G  O  V  J  V  V  I  R  T  U  T  E
E  A  C  G  I  N  S  O  L  I  T  A  U  R
R  M  R  A  C  T  I  O  V  E  X  T  D  E
I  I  Y  U  S  F  O  R  T  E  Z  A  I  G
C  C  M  D  R  I  J  C  V  M  M  A  U  R
U  I  C  I  T  X  O  N  O  V  U  M  M  I
L  S  R  U  X  H  R  N  R  G  Y  H  I  N
O  H  F  M  C  P  D  A  E  P  O  C  R  A
S  U  B  S  A  L  U  T  E  M  P  Y  U  N
U  D  I  F  F  I  C  U  L  T  A  S  M  D
M  P  P  U  L  C  H  R  I  T  U  D  O  U
O  A  N  A  V  I  G  A  T  I  O  N  E  M
I  T  I  N  E  R  A  R  I  U  M  N  Y  H
```

ACTIO	ITINERARIUM
AMICIS	GAUDIUM
PULCHRITUDO	NATURA
VIRTUTE	NAVIGATIONEM
FORTE	NOVUM
PERICULOSUM	OCCASIONEM
DIFFICULTAS	PRAEPARATIO
STUDIUM	SALUTEM
PEREGRINANDUM	MIRUM
INSOLITA	

24 - Ville

```
U N I V E R S I T Y V D P T
I L Z D X Q I A T Q U I I H
A H I Y O O M P G X N K S E
E O J B C H G C A S U Q T A
B F S G R H E A L M K W R T
H O T E L A P L L D U Z I R
S R O H V M R E E G E T N U
T U R K Y E G Y R A E W U M
A M E P S T V V Y I B U M G
D T Z M C T K F L O R I S T
I N V V H G O M U S E U M C
U T F Z O Y X R U I L M Q M
M M B E L H D J E Q I P T A
Y L G D A A F P W Y T C E X
```

ELIT
RIPAM
LIBRARY
PISTRINUM
CASU
EGET
SCHOLA
FLORIST
GALLERY
HOTEL

BOOKSTORE
STORE
MUSEUM
ATQUI
AMET
STADIUM
FORUM
THEATRUM
UNIVERSITY
EXO

25 - Cuisine

```
R Z O F O L S C Y P H O S K
A T R I D E N T E S A C C E
C R C C I B U M X S U L R T
H S O S M E G H Y D R I A C
O P N M V T S A N U I B T R
P O S S A E M A P Z A A I A
S N E C U T Z A L I T N C T
T G Q U Q D A L U L U O U E
I I U Z I S A B R R R Q L R
C A A U B J R X C I Z A R
K P T X M T N J I U P S M K
S P O C U L A Z X O L N O Z
Y Q V Y A P R Z A K E M Z Q
P V G R U A F H U B O M E H
```

CHOPSTICKS
CRATER
LEBETE
MAURIS
HYDRIA
SCYPHOS
AROMATA
SPONGIA
CLIBANO

TRIDENTES
CRATICULAM
HAURIATUR
CIBUM
CONSEQUAT
LEO
SUDARIO
POCULA

26 - Gentillesse

```
J D S T B U C A S B I I L A
G C F L E M X G R R N N I M
P S R M A P I N T A T T B I
J A M E T K I T H G E E E C
N M T X U E X M I F N L R A
X I N I S X Z A T S D L A P
T L I R E V E R U M E E L V
K J D R X N C U H O R C I F
Y D K M S L S P U N X T S U
R E C E P T I V A I X U H M
R E V E R E N T I O R S P L
G Y D U R Y B W P X D P Q Y
H O S P I T A L E M M G Y D
J A M A R E A N M B L F X K
```

AMARE
AMICA
INTENDE
VERUM
INTELLECTUS
MITIS
CERTA

LIBERALIS
BEATUS
AMET
HOSPITALEM
PATIENS
REVERENTIOR
RECEPTIVA

27 - Corps Humain

```
K Y P G F T K M L A Y N N T
V R G F E U G A A H U Y A W
Y S C N V N C N B R H R R P
J C O Y F A U U I C M C I Y
M E N T U M B S A U A O B S
F R P D I G I T U S X L U F
A E D O S H T P N N I L S A
C B T E E C U T I S L U Z U
I R A P B Y S W F R L M R S
E U R C A P U T R N A G X Q
M M S T O M A C H U M C O R
U L O K R H U M E R U M S Q
K A T K E S A N G U I N E M
E B Q X P Z L R T O J Q M C
```

ORE	LABIA
CEREBRUM	MANU
TARSO	MAXILLA
COLLUM	MENTUM
CUBITUS	NARIBUS
COR	AURIS
DIGITUS	CUTIS
STOMACHUM	SANGUINEM
HUMERUM	CAPUT
GENU	FACIEM

28 - Épices

```
A M O M U M F A N E T H U M
P P C R O C U S M O U E P D
S A L O Z N U E K A W T P U
F P I G R O X F J F R G U L
A R Q T G I C E P A P A R C
E I U O I I A F G E I C U I
N K I V N X C N Y E P U S S
I A R A G M I S D I E R O C
C S I N I P D A A R R R B W
U C T I B Q U P Y L I Y Y I
L E I L E L M O E X L H F O
I G A L R Z M R Z J E I K M
E J E A A Q T E T I O H U Y
N U T M E G Y M C H F X O M
```

ACIDUM	NUTMEG
ALLIUM	CEPA
AMARA	PAPRIKA
ANETHUM	PURUS
AMOMUM	PIPER
CORIANDRI	LIQUIRITIAE
CURRY	CROCUS
DULCIS	SAPOREM
FAENICULI	SAL
GINGIBER	VANILLA

29 - Science

```
E  X  P  E  R  I  M  E  N  T  U  M  O  Q
N  A  T  U  R  A  M  U  O  W  R  P  B  H
M  P  L  A  N  T  I  S  S  D  H  U  S  C
Z  P  X  F  D  B  N  L  F  A  Q  S  E  Y
A  H  G  O  G  O  E  G  E  T  I  G  R  O
T  Y  I  S  M  B  R  F  E  A  Q  R  V  S
O  S  V  S  E  O  A  F  T  S  C  A  A  C
M  I  K  I  L  M  L  P  F  X  A  V  T  I
B  C  I  L  A  B  I  E  S  M  E  I  I  E
O  A  P  E  T  L  B  B  C  G  L  T  O  N
M  O  D  U  S  P  U  U  R  U  I  A  N  T
N  U  L  L  A  I  S  Y  A  U  L  T  E  I
P  A  R  T  I  C  U  L  I  S  M  I  F  S
T  P  R  A  E  G  R  E  S  S  U  S  S  T
```

ATOM	NULLA
EGET	MODUS
CAELI	MINERALIBUS
DATA	MOLECULIS
EXPERIMENTUM	NATURA
PRAEGRESSUS	OBSERVATIONE
EO	PARTICULIS
FOSSILE	PHYSICA
GRAVITATIS	PLANTIS
RUM	SCIENTIST

30 - Vêtements

```
U  M  L  E  N  B  R  M  J  I  I  H  P  H
O  T  O  S  P  F  U  E  E  B  A  A  O  F
L  I  V  R  X  I  W  R  W  L  T  B  B  W
Y  B  W  E  E  K  H  F  E  O  O  I  R  V
P  I  K  C  I  N  G  U  L  U  M  T  A  S
S  A  N  D  A  L  I  A  R  S  E  U  C  W
A  L  J  L  O  J  B  R  Y  E  N  Y  C  E
R  I  J  A  O  C  A  E  S  T  U  S  A  A
M  A  A  C  M  S  N  H  W  P  L  U  E  T
I  S  C  I  O  A  H  A  T  U  L  Y  A  E
L  H  K  N  N  E  S  I  F  U  A  S  H  R
L  P  E  I  I  O  N  R  R  O  N  O  X  B
A  N  T  A  L  C  O  A  T  T  E  E  I  F
M  Z  J  E  E  C  A  B  K  Q  C  P  L  G
```

JEWELRY	LACINIA
ARMILLAM	COAT
CINGULUM	MORE
HAT	BRACCAE
TIBIALIA	SWEATER
NULLA NEC	PAJAMAS
SHIRT	HABITU
BLOUSE	SANDALIA
MONILE	JACKET
CAESTUS	

31 - Arts Visuels

```
E  L  U  T  U  M  J  Q  E  P  C  G  C  A
F  C  R  E  T  A  G  D  D  H  A  L  O  R
F  X  G  J  A  Q  H  Z  G  O  R  O  M  C
I  Q  V  M  K  V  D  S  C  T  B  S  P  H
G  P  F  E  R  O  B  W  F  O  O  S  O  I
I  R  P  I  C  T  U  R  A  G  N  A  S  T
E  O  A  R  T  I  F  E  X  R  E  R  I  E
S  S  L  P  Q  U  V  Q  A  A  S  I  T  C
Q  P  M  H  H  M  P  J  R  P  T  U  I  T
Q  E  A  O  Z  I  V  V  D  H  E  M  O  U
A  C  R  C  I  F  U  E  D  J  N  N  U  R
B  T  I  G  E  I  M  M  U  X  C  B  X  A
Y  U  U  Z  E  R  F  K  I  W  I  J  S  E
Q  M  S  Q  D  T  A  F  S  H  L  K  U  V
```

ARCHITECTURA
LUTUM
ARTIFEX
CARBONES
PALMARIUS
OTIUM
CERA
COMPOSITIO
CRETA

GRAPHIUM
GLOSSARIUM
DUIS
PICTURA
PROSPECTUM
PHOTOGRAPH
STENCIL
EFFIGIES
PEN

32 - Méditation

```
S  Z  Y  P  P  R  O  S  P  E  C  T  U  M
O  W  N  A  T  U  R  A  F  E  X  S  H  L
G  C  A  C  C  E  P  T  I  O  Q  C  A  M
O  B  S  E  R  V  A  T  I  O  N  E  B  I
S  D  V  M  E  N  S  Y  F  S  T  D  I  S
T  P  P  O  P  E  R  A  M  W  W  J  T  E
A  Y  W  T  P  G  E  C  N  C  F  S  U  R
T  F  X  U  J  U  J  Y  W  L  H  P  S  I
U  G  F  S  N  Z  T  G  R  A  T  I  A  C
R  L  H  E  Y  N  Z  Y  S  R  A  R  P  O
A  S  V  H  C  W  M  U  S  I  C  A  R  R
M  C  Y  M  R  T  K  Z  D  T  V  N  J  D
M  E  N  T  I  S  U  L  Q  A  S  S  C  I
W  R  K  W  T  D  J  S  K  S  H  A  D  A
```

ACCEPTIO
OPERAM
CLARITAS
MISERICORDIA
MENS
AFFECTUS
GRATIA
HABITUS
MENTIS

MOTUS
MUSICA
NATURA
OBSERVATIONE
PACEM
PROSPECTUM
STATURAM
SPIRANS

33 - Littérature

```
D  S  F  V  G  O  P  S  F  I  C  T  A  M
E  V  N  A  I  H  M  T  H  L  Q  Q  U  E
S  C  D  W  X  T  O  Y  E  L  F  K  N  T
C  O  X  I  D  I  A  L  O  G  U  S  U  A
R  N  W  S  E  N  T  E  N  T  I  A  F  P
I  C  O  M  P  A  R  A  T  I  O  N  E  H
P  L  A  A  U  C  X  T  U  L  J  T  K  O
T  U  S  R  M  L  G  M  G  C  C  I  L  R
I  S  V  D  M  K  S  P  O  E  T  I  C  A
O  I  F  A  B  E  L  L  A  I  S  O  A  N
N  O  W  M  S  O  N  M  N  O  H  O  R  O
S  I  M  I  L  I  T  U  D  O  N  Y  M  V
U  A  R  G  U  M  E  N  T  U  M  K  H  E
A  N  A  L  Y  S  I  S  N  U  M  E  R  O
```

SIMILITUDO
ANALYSIS
FABELLA
AUCTOR
VITA
COMPARATIONE
CONCLUSIO
DESCRIPTION
DIALOGUS

FICTA
METAPHORA
SENTENTIA
CARMEN
POETICA
NOVE
NUMERO
STYLE
ARGUMENTUM

34 - Nourriture #1

```
L E M O N C S U N H M U E C
L R L K J S P I R U M D E I
A H D I I F E F J T V A S B
C P B L T N R V J K J S E U
D O H R B K S A L L I U M M
S A V K Y C I O G P Q G Q L
P Q U J L D C G J U S A L C
I H P C A P U L U S M R B E
N O M C U A M W V O Z X U P
A R K X P S E M C T T V Y A
C D U S Z U B A S I L I U S
H E C P U C P R A P A F U D
T U N A P U N L A Z F N T S
B M Q Z H S W R V Y Y O S G
```

PERSICUM	RAPA
ALLIUM	CEPA
BASILIUS	HORDEUM
CAPULUS	PIRUM
DAUCUS	SEM
LEMON	SAL
SPINACH	ELIT
FRAGUM	SUGAR
SUCUS	TUNA
LAC	CIBUM

35 - Jours et Mois

```
N  M  J  X  M  E  N  S  E  V  M  R  X  A
F  E  B  R  U  A  R  Y  W  P  O  E  I  T
M  R  U  V  R  X  R  O  I  Y  N  P  K  G
A  G  S  E  J  Y  W  T  X  U  D  A  S  W
R  J  A  N  U  A  R  Y  I  W  A  U  E  E
T  U  T  E  L  L  A  P  R  I  Y  G  P  D
I  N  U  R  Y  I  P  B  N  Y  H  U  T  N
S  E  R  I  Q  Q  R  R  Z  V  K  S  I  E
Y  E  D  S  D  U  I  C  F  M  J  T  M  S
N  W  A  B  C  A  L  E  N  D  A  R  A  D
E  Q  Y  D  O  M  I  N  I  C  A  R  N  A
C  J  X  X  L  Y  S  J  O  V  I  S  A  Y
B  N  O  V  E  M  B  E  R  U  L  C  N  R
S  E  P  T  E  M  B  E  R  D  Q  O  X  B
```

AUGUST	MARTIS
APRILIS	MARTII
CALENDAR	WEDNESDAY
DOMINICA	MENSE
FEBRUARY	NOVEMBER
JANUARY	ALIQUAM
JOVIS	SATURDAY
JULY	SEPTIMANA
JUNE	SEPTEMBER
MONDAY	VENERIS

36 - Championnat

```
W A M T Z B C A U S A M F Y
K T V I C T O R I A W F I R
W L L X F I N E M W G A N V
Z U D V R E S U D O R O A E
V D L P A T I E N T I A L U
I I U T E Q L V I H X Q I I
N S M J D O I O N R Y A S S
D B E Q A N O X M I X T T M
I C Q J W U M M P L U H Q O
C E D K F M I G F J Z D T D
I F O R T I S S I M U S E B
A U L S X S S B L U D O S X
E B O W X M M G N W V Z K Z
T O R N E A M E N T U M R P
```

FORTISSIMUS   NUMISMA
VINDICIAE   CAUSAM
PATIENTIA   EUISMOD
RAEDA   LUDIS
DOLOR   CONSILIO
FINALIST   TORNEAMENTUM
LUDOS   SUDOR
IUDEX   VICTORIA

37 - Pirates

```
O  C  E  A  N  U  M  P  C  R  Q  G  C  V
H  A  N  Q  Y  X  H  E  T  A  G  T  A  E
A  P  C  I  C  A  T  R  I  X  V  H  N  X
U  T  U  J  N  V  G  I  R  P  M  E  T  I
R  A  S  T  K  S  E  C  Y  Q  P  S  A  L
U  I  G  M  L  O  U  U  U  K  S  A  V  L
M  N  C  O  I  N  S  L  B  Z  I  U  I  U
U  X  L  L  Q  U  N  U  A  N  T  R  T  M
G  B  E  A  C  H  O  M  X  D  T  U  M  C
T  I  G  L  A  D  I  U  M  V  A  S  Y  A
A  Y  E  K  A  W  V  V  Y  F  C  Y  F  S
A  H  N  B  A  N  C  H  O  R  U  M  L  U
F  E  D  G  A  T  N  Y  B  T  S  Z  A  S
M  A  L  U  M  G  Y  F  X  D  G  U  Q  P
```

ANCHOR	INSULA
CASUS	LEGEND
CAPTAIN	MALUM
MAP	OCEANUM
CICATRIX	AURUM
PERICULUM	PSITTACUS
VEXILLUM	COINS
GLADIUM	BEACH
CANTAVIT	RUM
CAVE	THESAURUS

38 - Activités

```
E U P Y O E M V C V W H M C
Z S A N D L W E O O S X E A
O G C R Z I M N M L U D O S
Y U T C T L H A M U T N V T
M K I G Z E L T O P U I Q R
C A O E F C U I D T R A Z A
O R K S W T P O I A A N E K
N T Z Q O I I N S T D B E J
S E I L U O S E B E D C J B
E S Y U Q G C X B M A T H D
Q K W F M G A R D E N I N G
U M A G I A N O K E Y N P I
A H U V U X D P I C T U R A
T Y L I K N I T T I N G A K
```

ACTIO
ES
ARTES
CASTRA
VENATIONE
ARTE
SUTURA
COMMODIS
GARDENING

LUDOS
LECTIO
OTIUM
MAGIA
PICTURA
PISCANDI
CONSEQUAT
VOLUPTATEM
KNITTING

39 - Fleurs

```
M P E T A L O R U M G T W D
A N A A I V I H A N T U J B
G K T R I F O L I U M L R K
N Z J A Q O R C I A H I Y P
O Z Z X T W C N N U Q P S L
L C D A P H H D A K M A Y U
I G V C A S I A R O S A D M
A Z A U P R D B C R W P A E
F N B M A D C A I L Q A I R
X L U X V E D E S S U K S I
N A O A E Q A N S E C S Y A
C E S S R A E E U C E O J Q
G A R D E N I A S Y X T W U
S H H E L I A N T H U S A V
```

FLOS	ORCHID
GARDENIA	PAPAVER
HIBISCO	PETALORUM
AENEAN	TARAXACUM
NARCISSUS	PLUMERIA
CASIA	ROSA
LILIUM	HELIANTHUS
MAGNOLIA	TRIFOLIUM
DAISY	TULIPA

40 - Nourriture #2

```
P U L L U M A N G O N J O B
I G A P G F Y O V F T T V S
S I T A B R F J M U R F U F
C C X N Z N N P A P I U M A
E E P E R S I C U M T N A P
S H A M O H R A K Y I G L P
K H B T B J L C S W C O G L
Q I L M E H S T R F U R E E
T F W U V A X U S I M U N K
R D F I W G G S O E C M T G
A R D C E R A S U S U E E L
S C E L E R I S Q U E Q M M
V P E G G P L A N T Z D O D
V I G I L A N T E M T B H V
```

VIGILANTEM	KIWI
CACTUS	MANGO
EGGPLANT	OVUM
TRITICUM	PANEM
ALGENTEM	PERSICUM
CERASUS	PISCES
APIUM	APPLE
FUNGORUM	PULLUM
SCELERISQUE	UVA
HAM	RICE

41 - Océan

```
D E L P H I N I C G Q P Q H
P S P O N G I A V S L I X G
W W W O A F L U C T U S O R
C H E A V U Z N N B W C J R
A S Q U I L L A P F J E S T
N T E M P E S T A S E S H U
C P U Q D A N G U I L L A N
E O U R M O R B F S L N R A
R L O S T R E A I E Y U K L
F Y J K L U E W A I F I L E
V P T O E A R E Z P I V N V
U U C A U G L B F W S A L N
N S C O R A L G R Y H I P
B A L E N A T D A J L D E P
```

ALGA	JELLYFISH
ANGUILLA	PISCES
BALENA	POLYPUS
NAVI	SHARK
CORAL	REEF
CANCER	SAL
SQUILLA	TEMPESTAS
DELPHINI	TUNA
SPONGIA	TURTUR
OSTREA	FLUCTUS

42 - Remplir

```
V P C I N V O L U C R U M L
A O E U W K D Z X P F T U A
S F S R V G T J U A O R J B
I F I U S J E B A G L E T R
N A T Z K C R L X P D M F U
U S U D B Q R L Y Z E G Y M
V C L U C A N I S T R U M L
N I A M Q I Y I P H L T U J
Y C D O L I U M J T N T T Z
O U J U V E X U Z U O Z B I
N L V T L R G D D B C R P K
W U T U F U Z V C E W K E Y
L S S F A H S A X Z K Y Q M
V A S E O O A C G Z S L M E
```

DOLIUM	SINU
LABRUM	BAG
UTREM	SITULA
FOLDER	PERSCRIPTOREM
INVOLUCRUM	TUBE
VAS	VIDULUS
CANISTRUM	VASE
FASCICULUS	

43 - Ballet

```
I A C R E C E N S E N D U M
N M R H N U M E R O E W S U
T U O T O D E C O R U M U S
E S R H I R L M T E A A Q I
N C C A Q S E C C R K E E C
S U H U Y A C O D Z M G S A
I L E D R L T M G E S T U R
O I S I E T I P Z R J F H F
N Q T T N A O O J W A F C V
E S R O E T N S U P P E A
M X A R M O E I I O T X H V
A R T E X R S T V L A Y G Y
M Z E S R E Y O C O R V L T
N R U G O S A R L O S L X E
```

ARTIS
CHOREOGRAPHY
ARTE
COMPOSITOR
SALTATORES
GESTU
DECORUM
INTENSIONEM
LECTIONES
MUSCULI

MUSICA
ORCHESTRA
USU
AUDITORES
RECENSENDUM
NUMERO
SOLO
STYLE
ARS

44 - Fruit

```
P C R H O N C U S L F U P K
I U C Z K O R W H L E P Y I
N C E A U P U U V A M M H W
E U R S S V B E R R Y L O I
A M A B T H U V L I N N K N
P I S A C Z S A V O C A D O
P S U X H P I R U M N Z P A
L D S D X L D F I C U S H P
E C C A N T A L O U P E M P
O M P D M K E P A P A Y A L
I M R S S X U J F Q A F N E
V G U A V A S P X P X L G U
W S N N E C T A R I N E O C
T M O P E R S I C U M W K K
```

PINEAPPLE   MANGO
AVOCADO   CUCUMIS
BERRY   NECTARINE
CANTALOUPE   RHONCUS
CERASUS   PAPAYA
LEMON   PERSICUM
FICUS   PIRUM
RUBUS IDAEUS   APPLE
GUAVA   PRUNO
KIWI   UVA

45 - Surf

```
F F H A B T G W F M M O E Y
O O K M N U X I K G F C T C
R R F D W R E M U S Y E M C
T T J Y L B E A C H S A T E
I I P D G A L E L O T N E L
T S O L M S H K F U Y U M E
U S P X C T D A U N L M P R
D I U U L O K G S N E E E I
O M L L M M S F Q D D I S T
Y U A J T A T H L E T A T A
F S R S T C E X T R E M A T
Y T I X B H K M O T H Q S E
Z I S C C U P F O K R X K D
A E B G Q M I N C E P T O S
```

ATHLETA
FORTISSIMUS
INCEPTOS
STOMACHUM
EXTREMA
FORTITUDO
TURBAS
TEMPESTAS
SPUMA

OCEANUM
REMUS
BEACH
POPULARIS
REEF
STYLE
UNDA
CELERITATE

46 - Technologie

```
S E C U R I T A T E M O W U
F I L E D V S C R E E N V Y
S Z Z N J I O X Z A N P N I
W L Y Q Y R F D I G I T A L
P A X X Z U T B M W N N P L
A R T C Q S W R E C T U M B
S O E B D D A T A E E N T Y
C X Y S C U R S O R R T A E
O A I L E G E A A G N I U D
T H M A U A X Y Y H E U G A
J G Q E W E R V M K T S D K
O A W A R Z H C V Q I M Y W
F P W E R A Q V H Z V N V L
B A H K U P R O P O N O O Z
```

PROPONO	NUNTIUS
CAMERA	PASCO
CURSOR	DIGITAL
DATA	EU
SCREEN	RESEARCH
FILE	SECURITATEM
INTERNET	RECTUM
SOFTWARE	VIRUS

47 - Météo

```
B  G  C  T  R  O  P  I  C  A  L  C  E  M
Y  U  T  O  E  P  R  O  C  E  L  L  A  E
X  A  S  N  N  M  D  U  W  R  U  Q  K  T
I  V  I  I  C  D  P  E  F  I  E  I  C  E
M  S  R  T  V  M  O  E  F  S  E  R  A  S
H  I  C  R  E  A  L  X  S  C  A  E  L  I
O  C  E  U  N  U  A  Z  Q  T  C  Q  I  A
N  C  Q  A  T  R  R  A  V  U  A  J  G  N
M  U  J  K  U  I  Z  X  V  R  O  S  O  A
G  M  D  U  S  S  Q  P  A  B  A  U  R  A
P  C  A  E  L  U  M  S  T  O  R  T  O  R
T  R  A  N  Q  U  I  L  L  I  T  A  S  R
S  I  C  C  I  T  A  T  E  N  U  B  E  S
H  X  B  M  B  L  G  P  A  G  N  L  N  C
```

MAURIS
AERIS
AURA
CALIGO
TRANQUILLITAS
CAELUM
CAELI
ICE
ETESIA
NUBES

PROCELLAE
POLAR
SICCUM
SICCITATE
TORTOR
TEMPESTAS
TONITRUA
TURBO
TROPICAL
VENTUS

48 - Châteaux

```
C  D  Y  N  A  S  T  I  A  M  T  C  R  X
A  N  E  L  K  G  L  A  D  I  U  M  W  Y
T  E  Z  R  R  R  K  A  R  M  A  R  M  E
A  Z  F  B  M  J  T  O  A  P  W  I  U  V
P  R  E  G  N  U  M  Y  C  E  Y  P  S  M
U  T  U  Q  C  Z  I  L  O  R  U  R  P  P
L  B  D  F  U  O  N  O  B  I  L  I  S  A
T  C  A  Q  H  U  R  F  A  U  I  N  G  L
P  I  L  Z  Q  D  S  O  B  M  X  C  B  A
S  C  U  T  U  M  A  C  N  A  R  I  W  T
C  F  L  V  M  Q  R  Q  F  A  E  P  J  I
W  B  P  R  I  N  C  I  P  E  M  E  Q  U
T  U  R  R  I  S  E  Q  U  E  S  J  P  M
R  R  U  N  I  C  O  R  N  I  S  L  D  J
```

ARMA	FEUDAL
SCUTUM	ARCE
CATAPULT	UNICORNIS
EQUUS	MURUM
EQUES	NOBILIS
CORONAM	PALATIUM
DRACO	PRINCIPE
DYNASTIA	PRINCIPEM
IMPERIUM	REGNUM
GLADIUM	TURRIS

49 - Randonnée

```
P  A  R  C  I  S  X  E  Y  P  D  R  R  L
T  R  T  K  A  L  L  A  S  S  U  S  N  A
E  N  A  T  U  R  A  F  M  H  C  Z  G  P
M  A  N  E  Z  I  D  J  E  V  E  S  R  I
P  H  I  L  P  Z  W  H  G  R  S  O  A  D
E  I  M  X  Y  A  U  T  Q  O  A  L  V  E
S  N  A  S  H  S  R  C  A  E  L  I  I  S
T  C  L  A  J  E  R  A  O  Z  L  M  S  W
A  L  I  U  Q  D  C  C  T  S  O  O  J  U
S  P  A  H  U  U  M  A  P  I  M  N  W  C
V  T  E  Q  D  S  A  S  V  O  O  T  A  X
O  R  I  E  N  T  A  T  I  O  N  E  G  X
T  Q  D  H  R  L  V  R  C  U  L  M  E  N
Z  O  T  G  Q  Q  T  A  B  E  R  N  U  S
```

ANIMALIA	MONTEM
TABERNUS	NATURA
CASTRA	ORIENTATION
MAP	PARCIS
CAELI	LAPIDES
AQUA	PRAEPARATIO
LASSUS	FERA
DUCES	SOL
GRAVIS	CULMEN
TEMPESTAS	

50 - Art

```
M M R H W N T A F B G S Y G
M C P D E X Y L V I S U A L
S O L J K Z P I C T U R A E
U M O I V B X O S O W R C C
B P P D N I L V I Z W E H E
I L W E C O R I G I N A L X
E E S L R A U T N A G L H P
C X Q O C T R Z U M S I T R
T U P I B L R M M E L S E E
U P N R Q P K A I T B M L S
M U A X E U G W H N P K L S
I N S P I R A T I E A J U I
J C O M P O S I T I O V S O
A N F I G U R A P N V W D B
```

TELLUS   ORIGINAL
COMPLEXU   PICTURAE
COMPOSITIO   ALIO
PERTRAHE   CARMINA
EXPRESSIO   SUBIECTUM
FIGURA   SURREALISM
AMET   SIGNUM
MOOD   VISUAL
INSPIRATI

51 - Nutrition

```
A  P  P  E  T  I  T  U  S  C  L  Q  W  C
L  U  P  G  I  C  O  E  A  A  I  U  W  O
S  S  M  O  V  L  X  J  P  R  Q  Z  K  N
U  W  N  S  N  E  I  E  O  B  U  N  E  D
C  M  T  X  U  D  N  Z  R  O  O  S  M  I
L  I  B  R  A  T  U  M  E  H  R  E  A  M
S  A  L  U  T  E  M  S  M  Y  E  R  M  E
F  E  R  M  E  N  T  U  M  D  S  V  A  N
E  D  U  L  I  S  Y  V  J  R  I  O  R  T
S  B  F  S  Q  M  X  Z  B  A  Z  E  A  U
T  C  W  A  A  R  O  M  A  T  A  Z  T  M
M  S  J  P  O  N  U  G  W  E  T  L  T  Q
S  V  H  S  J  U  U  Z  N  S  V  R  F  X
Q  U  A  L  I  T  A  S  G  G  R  G  E  L
```

AMARA	PONDUS
APPETITUS	SERVO
EDULIS	QUALITAS
DIET	SANUS
AROMATA	SALUTEM
LIBRATUM	CONDIMENTUM
FERMENTUM	SAPOREM
CARBOHYDRATES	TOXIN
LIQUORES	

52 - Science Fiction

```
C P L A N E T A N P D S C O
V O O R A C U L U M Y U N V
V I N Y W W W F N U S S A H
P E R S B J E X U N T P R Q
I M R Y C W O V W D O E Q C
M M E X T R E M A I P N D R
A X A T O M I C U S I D I E
G A L A X I A P B P A I S P
I G N I S L Z E S D Q S T I
N E S F S L Y R V E U S A T
A R C A N U M J S H R E N U
R S P O L S N U L L A I T S
I V H V E I U T O P I A T H
A R Z B L O Z T A R Q A M Y
```

ATOMICUS   DISTANT
DYSTOPIA   MUNDI
CREPITUS   ARCANUM
EXTREMA   ORACULUM
SUSPENDISSE   PLANETA
IGNIS   CONSCRIPSERIT
GALAXIA   NULLA
ILLUSIO   UTOPIA
IMAGINARIA

53 - Vertus #1

```
B  D  E  C  R  E  T  O  R  I  U  M  I  Y
O  B  F  I  N  T  E  L  L  I  G  E  N  S
N  S  F  I  N  D  E  P  E  N  D  E  N  S
U  V  I  S  A  P  I  E  N  S  X  N  P  I
M  V  C  X  S  L  C  E  R  T  A  Q  A  R
P  A  I  R  K  J  I  T  O  K  A  R  T  A
M  S  E  U  U  U  B  M  C  O  B  I  C
C  O  N  F  I  D  I  T  E  U  F  H  E  U
K  R  S  S  R  E  G  Q  I  R  N  V  N  N
P  R  A  C  T  I  C  A  T  I  A  D  S  D
E  C  R  Y  Q  B  H  G  M  O  W  L  U  U
S  Q  T  E  C  W  B  V  K  S  B  O  I  S
E  S  I  W  Z  B  V  E  N  U  S  T  U  S
C  R  S  X  A  M  O  D  E  S  T  U  S  E
```

ARTIS   INDEPENDENS
BONUM   INTELLIGENS
VENUSTUS   MODESTUS
CONFIDIT   IRACUNDUS
CURIOSUS   PATIENS
DECRETORIUM   PRACTICA
EFFICIENS   MUNDUS
CERTA   SAPIENS
LIBERALIS

54 - Professions #1

```
J  F  F  F  S  M  G  L  M  A  A  G  Q  M
E  E  R  M  T  R  T  H  E  T  S  P  W  U
F  T  W  V  L  I  T  R  D  T  T  S  D  S
V  A  C  E  V  W  G  A  I  O  R  Y  Y  I
H  F  M  X  L  S  V  E  C  R  O  C  X  C
U  G  A  B  K  E  O  D  U  N  L  H  V  U
E  D  I  T  O  R  R  A  S  A  O  O  E  S
S  G  E  O  L  O  G  I  S  T  G  L  N  N
L  E  G  A  T  U  S  Z  O  U  U  O  A  U
T  J  X  A  H  T  N  K  G  M  S  G  T  T
P  L  U  M  B  A  R  I  U  S  I  I  O  R
S  A  L  T  A  T  O  R  E  M  I  S  R  I
S  C  I  E  N  T  I  S  T  L  I  T  X  X
F  I  R  E  F  I  G  H  T  E  R  O  V  K
```

LEGATUS	GEOLOGIST
ASTROLOGUS	NUTRIX
ATTORNATUM	MEDICUS
REMI	MUSICUS
JEWELER	THE
VENATOR	PLUMBARIUS
SALTATOR	FIREFIGHTER
RAEDA	PSYCHOLOGIST
EDITOR	SCIENTIST

55 - Géologie

```
S T O N E M A U R I S L G L
T H H Q T I C R O D U O E M
A N U F V N N B W L P T Y Q
L A V A Q E F U S I L E S Y
A C E C U R L J Y D A M E F
C C X A A A C L Q M T G R O
T U E L R L V L S P E C U S
I M S C T I M O G F A R K S
T S A I Z B C X L D U Z S I
E A D U X U F Z H C O R A L
I N R M A S A I T O A G L E
D O F S C O N T I N E N S U
Y I R B A C I D U M F X O I
I C R Y S T A L S R J O I Y
```

ACIDUM	GEYSER
CALCIUM	LAVA
SPECUS	MINERALIBUS
CONTINENS	STONE
CORAL	PLATEAU
ACCUMSAN	QUARTZ
CRYSTALS	SAL
EXESA	STALACTITE
FUSILE	VOLCANO
FOSSILE	MAURIS

56 - Cirque

```
A N I M A L I A H U P U P O
D E J S P E C T A T O R A D
M U S I C A B U B D M S L G
B A L L O O N S I O P O I T
X G G X E T A B T L A L Q H
G N V I M L C Q U U M A U Z
O O A J A Y E Z D M Q C A P
Y S X F G N S P Y Z C R M F
L D T U U C I K H D N O U H
W S C E S Y M I U A P B G Y
N Q G E N G I L E O N A G N
T I G E R D A L V A L T G J
E J U G G L E R N B I I I D
T A B E R N A C U L U M V S
```

ACROBAT   MAGUS
ANIMALIA   MAGIA
DOLUM   OSTENDE
BALLOONS   MUSICA
ALIQUAM   POMPAM
HABITU   SIMIA
ELEPHANTIS   SPECTATOR
JUGGLER   TABERNACULUM
LEO   TIGER

57 - Jardin

```
B Z S E S M Z H E R B A N S
A S T V G A V I T I S T Q A
N E W N U E X W Z Z U H O R
C S R K S R T A N A R V E C
O F T R A M P O L I N E M U
J O U G E O E Z N J F I N L
S E P E M M V H P B L G A U
B U S H A M M O C K O A R M
G B Z V B N B S D D S R B R
O H X Z Z I P E X F B A O U
S O L O F I H X I X V G R T
U C L X J Z V P X P Q E K R
O R C H A R D H O R T U S U
X Y S T U M C W T K W N Y M
```

ARBOR	ZIZANIA
BANCO	RUTRUM
BUSH	SARCULUM
SEPEM	SAXA
EGET	SOLO
FLOS	XYSTUM
GARAGE	TRAMPOLINE
HAMMOCK	HOSE
HERBA	ORCHARD
HORTUS	VITIS

58 - Barbecues

```
Y X C P S H M L O N J R F P
V P U O V A T U X S D O R F
M R I T N U L D S F M Z U U
F A M E S D T O E I N F C T
L N D N N W I S E L C U T P
E D F T W L N M C I U A U U
G I J I T S I N E I V A S L
U U C A L I D U M N T T S L
M M I J V A J E F W T E M U
I F B T O M A T O E S U Z M
N C U C R A T I C U L A M O
A W M R P E G W L C E P E L
A E S T A T E F A M I L I A
P I P E R T R I D E N T E S
```

CALIDUM	LEGUMINA
PRANDIUM	MUSICA
FILII	CIBUM
AESTATE	CEPE
FAMES	PIPER
FAMILIA	PULLUM
TRIDENTES	POTENTI
FRUCTUS	CONDIMENTUM
CRATICULAM	SAL
LUDOS	TOMATOES

59 - Anniversaire

```
B C A N D E L A S I Z D M Z
W E C E L E B R A T I O A J
H S A P I E N T I A B N S R
X Y T T V A C O T A J U S D
P H T V U J A F N T M M A I
C X G S A S N I U V E N E S
T A D K N P T Z F T L X I C
E Q L Y N K I N V I T A R E
M Y A E O Z C A M I C I S R
P R E P N N U N A T U S U E
U D T T K D M A G N A K S Z
S P A A L I A O D F U K O C
S L D V S E T R F R B F P U
S P E C I A L I S X J G Y V
```

AMICIS	INVITARE
ANNO	IUVENES
DISCERE	DIE
CANDELAS	LAETA
DONUM	NATUS
CALENDAR	SAPIENTIA
CANTICUM	SPECIALIS
CELEBRATIO	MAGNA
MASSAE	TEMPUS
BEATUS	

60 - Animaux de Compagnie

```
P C A N I S I H M P X T I Q
S I Q L O R U M U L U K G V
I B U F E L I S S A T P V P
T U A H H P J H T C U A P F
T M T O R Q U E M E R K L Y
A R C J M C N S Y R T T E G
C A U D A C G C Z T U T U D
U Q W Z C J U M U A R H F L
S P Y U A H I R C U M V K S
U W T C D H B C S K E A K G
P M W L Q O U A B B W X G C
C D Z G E Y S P I S C E S H
J V E T E R I N A R I U S P
O N U I P W J R A U F B O S
```

FELIS	LACERTA
HIRCUM	CIBUM
CANIS	PSITTACUS
PUPPY	PISCES
TORQUEM	CAUDA
AQUA	MUS
UNGUIBUS	TURTUR
LORUM	BOS
LEPUS	VETERINARIUS

61 - Forêt Tropicale

```
D  N  Z  P  S  I  C  R  R  J  G  X  T  A
C  A  E  L  I  N  J  J  E  T  K  C  R  K
N  T  S  S  P  S  M  X  S  N  I  O  U  A
F  U  A  H  B  E  S  V  T  N  T  M  N  A
B  R  L  Z  O  C  P  P  I  U  W  M  C  M
P  A  U  L  T  T  E  R  T  B  R  U  A  P
Q  I  T  I  A  A  C  E  U  E  N  T  H
U  I  E  P  N  M  I  T  T  S  F  I  I  I
A  S  M  K  I  T  E  I  I  U  U  T  S  B
N  V  Y  J  C  B  S  O  O  P  G  A  M  I
T  H  E  V  A  B  R  S  N  M  I  S  L  A
U  E  C  S  A  T  L  U  E  T  U  D  I  C
M  M  U  S  C  U  S  M  M  D  M  Z  U  Y
D  I  V  E  R  S  I  T  A  S  K  L  J  Q
```

AMPHIBIA	MUSCUS
BOTANICA	NATURA
CAELI	NUBES
COMMUNITAS	AVES
DIVERSITAS	PRETIOSUM
SPECIES	REFUGIUM
INSECTA	QUANTUM
TRUNCATIS	RESTITUTIONEM
NULLAM	SALUTEM

62 - Insectes

```
L  I  W  E  X  C  G  V  Z  L  N  Q  Y  W
A  P  H  I  D  O  X  R  E  Y  B  M  F  O
D  U  T  E  R  U  S  I  I  R  K  F  E  B
Y  R  P  N  P  N  L  T  M  L  M  K  W  E
B  B  Q  R  E  F  P  S  N  O  L  I  F  E
U  A  R  R  W  N  N  P  C  C  B  U  S  T
G  K  I  P  A  N  T  D  Y  U  F  Q  S  L
T  E  R  M  I  T  E  X  N  S  D  G  Z  E
E  E  R  C  I  C  A  D  A  T  Z  N  C  K
N  P  L  U  W  W  Q  F  X  A  C  A  G  A
T  Y  B  L  A  T  T  A  M  A  N  T  I  S
S  M  B  E  S  U  H  O  P  X  H  K  C  I
V  F  F  X  P  A  P  I  L  I  O  Q  Y  Z
D  R  A  G  O  N  F  L  Y  W  S  Z  E  J
```

APIS   MANTIS
BLATTAM   CULEX
CICADA   PAPILIO
LADYBUG   APHID
LOCUSTA   GRILLUS
ANT   BEETLE
WASP   TERMITE
UTERUS   VERMIS
DRAGONFLY

63 - Ferme #1

```
R  N  J  A  S  I  N  U  S  A  I  H  V  P
Y  A  X  Q  B  P  C  H  D  I  A  I  I  U
B  B  Q  U  A  X  E  Q  U  U  S  R  T  L
A  O  H  A  G  R  E  G  E  M  B  C  U  L
G  J  S  A  P  I  S  A  G  R  O  U  L  U
R  U  E  V  Y  C  O  R  V  U  S  M  U  M
I  W  P  R  C  E  V  S  X  C  T  G  M  B
C  F  E  L  I  S  F  R  W  A  E  K  M  J
U  U  M  P  J  L  E  I  W  N  R  M  E  L
L  N  E  X  R  R  Z  M  D  I  C  N  O  R
T  Q  A  B  B  W  X  T  I  S  O  S  F  Z
U  O  X  S  O  K  P  V  Y  N  R  S  P  Y
R  H  B  D  R  G  U  X  H  S  A  R  S  D
A  G  P  Y  Y  G  W  V  H  K  T  U  I  B
```

APIS	AQUA
AGRICULTURA	STERCORAT
ASINUS	HAY
AGRO	SEMINA
FELIS	MEL
EQUUS	PULLUM
HIRCUM	RICE
CANIS	GREGEM
SEPEM	BOS
CORVUS	VITULUM

64 - Escalade

```
J Q P P U A P X I M E T I C
F J D I S C I P L I N A N O
F M B K U A H E N U L B I R
F O R T I T U D O W T E U P
Q D D N V J S L M X P R R O
F C U R I O S I T A S N I R
C G R C A V E V P L P U A I
G A Z V E P E R I T U S M S
A N E A P S J A L I V C M J
L G P S Q S I E Z T H R R D
E U M E T Z M R H U P I P T
A S E D O U N I X D P H K M
M T Z N K H S S V O O D I I
A A S T A B I L I T A T E M
```

ALTITUDO
AERIS
INIURIAM
TABERNUS
MAP
GALEAM
CURIOSITAS
PERITUS

ANGUSTA
FORTITUDO
DISCIPLINA
CAESTUS
CAVE
DUCES
CORPORIS
STABILITATEM

65 - École #2

```
C O G N I T A G N Y E R C E
S M P L I I T E R I S J A U
C A D E D U C A T I O N L C
R G G E R S A H E S X Y C N
I I R G L A W X U F N A E W
P S A R S E T H I T I L A Q
T T P A M G O I L C U M M C
U E H M Q L U D O S I L E H
M R I M O E J Z V N G A N A
T A U A F C U Q R F E U T R
U C M T B T W O B D X S A T
F I L I L I B R A R Y B A A
P P U C Y O C A L E N D A R
Z W P A P A C A D E M I C A
```

ACADEMICA
OPERATIONES
COGNITA
LIBRARY
CALENDAR
CALCEAMENTA
AXICIA
GRAPHIUM
MAGISTER

SCRIPTUM
EDUCATION
DELEO
GRAMMATICA
LUDOS
LECTIO
LITTERIS
EU
CHARTA

66 - Antarctique

```
I E P Y T I R Z R X C L M I
E N A M I G R A T I O C I N
X V Q G H C O N T I N E N S
P I U U E B A Y I D Y C E U
E R A K I O F V C E T E R L
D O E K G S G W E Y V G A A
I N U B E S I R V S Q N L E
T M R O C K Y T A E I M I B
I E T O R T O R O P L F B L
O N S P E C I E S R H U U F
N T V P N K U I D Q E I S C
E P E N I N S U L A B M A H
T O P O G R A P H I A F F I
S C I E N T I F I C F E B V
```

BAY
CETE
INQUISITOREM
CONTINENS
AQUA
ENVIRONMENT
SPECIES
EXPEDITIONE
GEOGRAPHIA
ICE

INSULAE
MIGRATIO
MINERALIBUS
NUBES
AVES
PENINSULA
ROCKY
SCIENTIFIC
TORTOR
TOPOGRAPHIA

67 - Professions #2

```
B D I I P I C T O R D F P A
I E L N H R Q L J C C H R S
O N L V I F E X R I Y O O T
L T U E L D N T L N I R F R
O I S S O O G K I Q Z T E O
G S T T S Y I D N U S U S N
I T R I O T N Z G I M L S A
S W R G P G E C U S E A O U
T B A A H D E L I I D N R T
U S T T U W R O S T I U H L
N K O O S K I R T O C S V P
K U R R T E L S K R U C B D
I N V E N T O R I E S G C X
M A G I S T E R M M V L F I
```

ASTRONAUT
BIOLOGIST
INQUISITOREM
DENTIST
INVESTIGATOR
MAGISTER
ILLUSTRRATOR
ENGINEER
INVENTOR

HORTULANUS
WISI
LINGUIST
MEDICUS
PICTOR
PHILOSOPHUS
PRETIUM
PROFESSOR

68 - Les Abeilles

```
P  P  P  F  Z  S  D  H  H  P  X  G  Y  M
K  L  V  R  M  H  M  Q  Q  O  H  H  K  I
E  A  J  U  O  O  O  V  A  L  V  E  O  S
U  N  U  C  H  R  U  A  P  L  Y  C  J  C
D  T  R  T  U  T  I  L  E  E  P  O  I  E
C  I  B  U  M  U  J  I  G  N  C  S  R  N
E  S  V  S  C  S  M  S  S  O  L  Y  I  T
R  I  Q  E  S  U  E  P  S  E  P  S  T  U
A  H  N  G  R  F  L  O  R  E  S  T  K  R
X  H  I  S  G  S  E  M  F  L  Q  E  C  A
Z  L  Q  R  E  G  I  N  A  U  C  M  M  I
R  U  T  K  O  C  M  T  P  K  M  K  Q  V
H  A  B  I  T  A  T  U  A  I  Z  U  E  C
F  L  O  R  E  B  I  T  Y  S  L  T  S  F
```

ALIS	HABITAT
UTILE	INSECT
CERA	HORTUS
DIVERSITAS	MEL
MISCENTUR	CIBUM
ECOSYSTEM	PLANTIS
FLOREBIT	POLLEN
FLORES	REGINA
FRUCTUS	ALVEO
FUMUS	SOL

69 - Dinosaures

```
U O H R S A O Q M U T K C S
V N M S D L Q E A Z V S A P
A C X N X H T P M Y R F A E
J S C N I J I V M A S H B C
Q O X C R V Z F O J U E L I
I S J J P C O J T E R R A E
H N N S N A R R H Q G B T S
W O G N R U F O E I I I I H
G V Z E H D P A L I S V O P
F M A G N A O S Z D F O N G
P R E H I S T O R I C R E S
P R A E G R E S S U S E C Q
M W E E K A N R E P T I L E
K B N L K B S Z N X H X Q B
```

ALIS
ABLATIONE
SPECIES
INGENS
PRAEGRESSUS
MAGNA
HERBIVORE

MAMMOTH
OMNIVORE
PREHISTORIC
POTENS
CAUDA
REPTILE
TERRA

70 - Automne

```
N O A E Q U I N O C T I U M
A R R D C E U Q H C H G C F
T C K U I A B X Q S O Q R X
U H B W G P E E M T C D S I
R A T S N T I L J N A D K O
A R V Y E V P S I O S Y D T
Q D K I S L Z J C D T F Q E
D J I T E A T K J I A R F M
M E N S E S P O M A N U G P
M I G R A T I O L U E G E E
F B B C O O D P R C A I L S
B K F M F E S T U M E B U T
K Q Z R R R D P D A L U H A
E O D L X Q J H Q W Y S T S
```

CASTANEAE	TEMPESTAS
CAELI	MIGRATIO
AEQUINOCTIUM	MENSES
FESTUM	NATURA
IGNES	POMA
GELU	ADIPISCING
FRUGIBUS,	ORCHARD

71 - Conduite

```
V R C P E D E S T R E M L M
E C T E D O L O R X S O I O
S W S A L U T E M V C T C T
T P W T F E F H K V A O E O
I A A I B C R V I F B R N R
B D C E E U P I X J N I T C
U U C K X N O A T N S W I Y
L C I M J I S X Q A L L A C
U P D H M C Z U F C T I E L
M M E Q D U M E T A V E N E
K E N U L L A G A R A G E J
W D S L W U P P D C E A A V
C N Q Z X M Y W A A L A N F
T P E R I C U L U M N J W E
```

ACCIDENS	MOTORCYCLE
DOLOR	PEDESTREM
ESCA	AT
MAP	VIA
PERICULUM	SALUTEM
DUMETA	AENEAN
GARAGE	NULLA
VESTIBULUM	CUNICULUM
LICENTIA	CELERITATE
MOTOR	CAR

72 - Plantes

```
F  S  W  R  J  Z  C  B  A  M  B  O  O  F
J  R  A  D  I  X  A  O  O  M  E  I  S  L
B  H  O  B  N  P  C  T  H  E  R  B  A  O
U  E  P  N  P  P  T  A  C  U  R  N  Y  R
S  D  A  S  D  N  U  N  W  D  Y  F  B  A
H  E  V  N  E  E  S  I  K  Z  R  C  N  V
G  R  A  R  B  O  R  C  T  B  A  D  Q  I
E  A  S  H  N  Z  K  A  F  J  T  F  Z  R
W  E  C  O  L  U  A  M  U  S  C  U  S  E
S  T  E  R  C  O  R  A  T  F  Z  V  A  N
F  P  E  T  A  L  O  R  U  M  R  S  F  T
Q  L  I  U  W  C  R  E  S  C  E  R  E  I
Q  A  O  S  W  N  X  P  U  B  C  Q  F  A
H  E  B  S  I  L  V  A  W  K  J  M  Q  V
```

ARBOR	SILVA
BERRY	CRESCERE
BAMBOO	BEAN
BOTANICAM	HERBA
BUSH	HORTUS
CACTUS	HEDERA
STERCORAT	MUSCUS
FRONDE	PETALORUM
FLOS	RADIX
FLORA	VIRENTIA

73 - Ferme #2

```
L  A  C  O  R  C  H  A  R  D  P  G  V  T
W  I  N  D  M  I  L  L  B  D  R  C  X  R
T  I  R  A  N  I  M  A  L  I  A  I  H  I
E  Z  Q  K  F  R  U  M  E  N  T  U  M  T
A  G  N  U  S  R  A  M  C  L  I  C  X  I
G  R  B  C  G  I  H  N  Y  N  S  I  L  C
R  J  T  B  Z  G  M  O  A  K  N  B  L  U
I  H  E  W  X  A  A  G  R  T  Q  U  A  M
C  T  R  A  C  T  O  R  X  D  I  M  M  M
O  O  V  E  S  I  C  G  R  B  E  S  A  A
L  Y  I  A  G  O  I  E  U  I  U  U  F  T
A  P  C  J  O  N  F  W  A  N  R  X  M  U
X  W  P  N  Q  E  H  O  R  R  E  U  M  R
D  A  V  C  U  S  F  R  U  C  T  U  S  A
```

AGNUS	FRUMENTUM
AGRICOLA	WINDMILL
ANIMALIA	OVES
TRITICUM	MATURA
ANATIS	CIBUM
FRUCTUS	HORDEUM
HORREUM	PRATI
IRRIGATIONES	TRACTOR
LAC	ORCHARD
LLAMA	

74 - École #1

```
F V X A K X U C A V M N G I
G O H W H K I A M M L B K W
R L L V E N A L I C I U M G
A U S D I Z C A A Y B C D R
P T C Y E P S M C A R G I E
H P H T D R O I A H A Y S S
I A A H J A S P T A R S C P
U T R Q R N B X H B Y B E O
M S T D J D Z U E C P C R N
S V A A D I B D D B O N E D
E L I T N U M E R I Z C Y E
B Z Q V P M R G A B J Z N T
A L P H A B E T I S E R Q M
M A G I S T E R E C T A C I
```

ALPHABETI
AMICIS
DISCERE
LIBRARY
CATHEDRA
GRAPHIUM
CALAMI
PRANDIUM

FOLDERS
MAGISTER
VOLUTPAT
VENALICIUM
NUMERI
CHARTA
RESPONDET
ELIT

75 - Vacances #2

```
O R Q B X F V W Z V N U T F
C A S T R A J S L I K K A E
T O B E A C H I E S Z E B R
E I M A L I E N A A U L E I
T M S I N G R A P H U S R A
Y E O M T A X I U I G D N S
P B I N Q A H L E N E G A M
Q K M P T M T X T S N X C A
E R A X M E Y U S U S A U F
T L G H A T S S H L Q W L E
D P I O R M A P X A W M U H
D O N T E E X I T E R X M B
K K E E Q G Q S V I E I Q V
M L S L N U L L A O T I U M
```

ELIT	IMAGINES
CASTRA	BEACH
MAP	AMET
ALIENA	TAXI
HOTEL	TABERNACULUM
INSULA	COMITATU
OTIUM	NULLA
MARE	FERIAS
MONTES	VISA
SINGRAPHUS	ITER

76 - Outils

```
N M V C K E T J J I E H Y C
J O J F R A Q O A C G A U E
V G V C E R A M R Y C S R A
V R L A E A T F U S J E M V
G S Y U C C K Y T O I A A F
T T U L T U S R L A X L I
F U N E M E L C U I A I L M
S P N F A D N A M D J C E A
E R L T U A A L K I K I O L
C A F G R O T A F S X A N L
U O Y R I Q Q M F A Q X A E
R V I P S U M M J P C F D U
I Y O Z D S Y S P L I E R S
S P W G P R I N C E P S M R
```

SOLIDIS	MALLEUS
IPSUM	RUTRUM
MAURIS	PLIERS
AXICIA	NOVACULA
GLUTEN	PRINCEPS
FUNEM	ROTA
SCALAM	FACEM
SECURIS	STUPRA
MALLEO	

77 - Temps

```
M M U N O C T E V B I M W G
Z H O R O L O G I U M E H X
Q R Y P O S T E V V V H M V
M Q B A N N O F S K U O M S
C M E N S E W U C H Z G E D
A M F T E E Q T B T D D R E
L I O E P N F U D L N L I C
E N Z X T I Y R Z H P H D E
N U N C I A Q U H T W A I N
D T W B M U N M X E M N E N
A I E B A K C A Z H R Y S I
R S C E N T U R Y O G I Y U
W J F N A N N U A R M Y K M
E R S U P Z Z Y M A N E B M
```

ANNO	HOROLOGIUM
ANNUA	DIE
POST	NUNC
ANTE	MANE
MOX	MERIDIES
CALENDAR	MINUTIS
DECENNIUM	MENSE
FUTURUM	NOCTE
HORA	SEPTIMANA
HERI	CENTURY

78 - Maison

```
J Q Z L O C U S V A X P L M
H G E N I S T A E D L E U F
Q N I Q S B Y K F K R L C H
B F I M B E R G G U M L E I
H O R T U S P A Q A U E R N
G C I R O H Y E R A R S N J
V O F N S D S N M Y U A A U
Q V E S T I B U L U M V G S
F W N D I S P E C U L U M E
H N E F U N D A M E N T U M
C S S L M T E C T U M Z R I
Y I T L A Q U E A R I A I P
D E R M B L L J Y Q P H E E
C L A V E S N N A T T I C A
```

GENISTAE
LIBRARY
LOCUS
FOCO
CLAVES
SEPEM
VESTIBULUM
IMBER
FENESTRA
GARAGE

ATTICA
HORTUS
LUCERNA
SPECULUM
MURUM
LAQUEARIA
OSTIUM
PELLES
FUNDAMENTUM
TECTUM

79 - Légumes

```
G Y D S A L L I U M L Y E W
C I A E O U R A D I C U L A
A V N L V R X U H A T M K D
C B E G G P L A N T U D V E
T V C G I E L Q F W Z C I G
U F A F W B N N G M L C U B
S F S E Z X E T J M R U O S
S P I N A C H R E R Q C L S
A C S E M G Z A E M J U I H
L E Y G F B K P I S U M V A
G P K E P V P A K Z H I A L
A A C U C U R B I T A S E L
K P E T R O S E L I N U M O
I W C S A P I U M H X J T T
```

ALLIUM
ALGA
CACTUS
EGGPLANT
ALGENTEM
DAUCUS
APIUM
CUCURBITA
CUCUMIS
SHALLOT

SPINACH
GINGIBER
RAPA
CEPA
OLIVAE
PETROSELINUM
PISUM
RADICULA
SEM

80 - Plage

```
R M H M C H A S H W R E O E
U O L A C U N A A K N E C S
P S O R M M S N R S X O E F
O X I E I B J D E O T C A F
L Y R E O R A A N L I Q N K
X I L T D E N L A H O S U U
Z Q N N K L A I N A V I M H
M C H T K L V A N L G J H O
K W L O E A I C J S R H R J
U V G B Y U S A C F U X K W
G R E G E M M N E S T L Q U
N Q A U K A D C J S K K A I
B L U E R L L E W C Q F W Z
J K I M X P W R Y I W D R X
```

NAVI   OCEANUM
BLUE   UMBRELLA
ORA   REEF
CANCER   HARENA
GREGEM   SANDALIA
INSULA   LINTEUM
LACUNA   SOL
MARE   NAVIS

81 - Vacances #1

```
V C F E N N O A Q W Q C B Y
I A X D X D I S C E S S U M
D R P T S P A L I Q U A M U
U C O N S U E T U D I N E S
L C T M F X D D V Y G V R C
U Y R P I F Q I I B B W K M
S L A C U S H M I T Y I P U
F S M U S E U M T D I C O M
I T I N E R A R I U M O V B
M A N T I C A Q S M O R N R
Q P G E V I A T O R N H Y E
X D K C C H B E R F E Q W L
C O N S E Q U A T U T K V L
D M V I V A M U S B Æ U I A
```

VIVAMUS	MUSEUM
ALIQUAM	UMBRELLA
MONETÆ	CONSEQUAT
DISCESSUM	MANTICA
CONSUETUDINES	VIATOR
EXPEDITIONE	TRAM
ITINERARIUM	VIDULUS
LACUS	CAR

82 - Famille

```
M A T E R T E R A W F S M Q
F O J W N Y H C S W I O A P
P H O D A P I O G C L R O U
A V U S S U F G N I I O F E
T D M A T E R N O B A R R R
E D A V N D A A C Y W Y S I
R N T I X C T T H I L V K T
N E E A P Q E A F I L I I I
I P R P W A R S P U E R R A
L T K H O P T K T X N C B U
C I B O S S N R A O A M V K
J S V Y I P L M U R R S C A
L N H R R I P N C U T J U X
P A T E R D J O B A S N N T
```

ANCESTOR
COGNATA
PUERITIA
PUER
FILII
UXOR
FILIA
FRATER
AVIA
AVUS

VIR
MATERNO
MATER
NEPOS
NEPTIS
PATRUUS
PATERNI
PATER
SOROR
MATERTERA

83 - Oiseaux

```
P  S  I  T  T  A  C  U  S  W  R  R  P  P
F  X  T  O  U  C  A  N  V  S  Z  I  I  G
H  K  S  R  G  P  A  S  S  E  R  R  B  M
K  C  O  L  U  M  B  A  Q  U  I  L  A  C
B  Q  W  O  L  T  F  M  R  Y  D  A  C  C
P  N  T  G  L  P  H  R  Q  E  B  E  I  O
Z  E  O  F  L  A  M  I  N  G  O  P  C  R
C  O  L  U  M  B  A  M  O  F  Q  A  O  V
E  H  F  I  H  Q  N  X  S  N  N  V  N  U
H  R  P  S  C  U  C  K  O  O  E  O  I  S
D  E  L  M  Q  A  N  A  T  I  S  M  A  S
H  D  R  B  K  Z  N  P  U  L  L  U  M  W
Q  C  A  O  V  U  M  W  M  U  Y  A  C  A
V  J  Y  A  N  S  E  R  E  M  A  G  B  N
```

AQUILA	PASSER
STRUTHIONEM	GULL
ANATIS	OVUM
CICONIA	ANSEREM
COLUMBA	PAVO
CORVUS	PSITTACUS
CUCKOO	PELICAN
SWAN	COLUMBAM
FLAMINGO	PULLUM
HERON	TOUCAN

84 - Disciplines Scientifiques

```
M  S  N  G  O  E  C  O  L  O  G  I  A  A
E  O  E  C  R  O  B  O  T  I  C  S  N  N
T  C  U  Q  H  A  D  M  B  Z  A  B  A  T
E  I  R  L  T  E  M  V  Y  U  S  O  T  I
O  O  O  H  E  I  M  M  O  A  O  T  O  Q
R  L  L  D  M  M  C  I  A  Y  O  A  M  U
O  O  O  U  E  M  D  N  A  T  B  N  I  I
L  G  G  I  C  U  B  E  B  H  I  I  A  T
O  I  Y  S  H  N  V  R  W  A  O  C  M  A
G  A  K  J  A  O  R  A  N  V  L  A  A  T
Y  E  Y  C  N  L  N  L  E  V  O  M  F  I
P  H  Y  S  I  O  L  O  G  Y  G  N  L  S
D  H  U  K  C  G  T  G  R  W  Y  A  Q  M
T  S  V  O  A  Y  Z  Y  X  W  T  C  A  W
```

ANATOMIA	MECHANICA
ANTIQUITATIS	METEOROLOGY
BIOLOGY	MINERALOGY
BOTANICAM	NEUROLOGY
CHEMIA	PHYSIOLOGY
OECOLOGIA	DUIS
IMMUNOLOGY	ROBOTICS
GRAMMATICA	SOCIOLOGIAE

85 - Émotions

```
Y  A  T  R  I  S  T  I  T  I  A  T  R  P
P  M  I  R  U  M  D  F  Y  A  E  I  J  A
B  O  R  S  Y  M  P  A  T  H  I  A  I  N
G  R  A  T  U  M  E  H  Y  R  A  N  K  I
A  T  E  N  E  R  I  T  U  D  I  N  E  M
U  R  M  M  D  X  Z  A  U  M  P  Y  J  Z
D  I  Y  J  I  Z  Q  E  R  S  G  E  G  T
I  N  Q  U  L  S  B  D  P  A  C  E  M  W
U  R  X  Y  A  U  S  I  O  P  U  T  R  I
M  Z  A  C  Y  V  F  U  S  Z  A  G  M  R
N  B  K  V  V  X  P  M  M  S  A  T  I  S
O  N  E  R  O  S  A  B  D  J  L  A  A  G
M  I  S  E  R  I  C  O  R  D  I  A  M  K
E  X  C  I  T  A  T  U  R  Y  M  F  K  N
```

AMOR	PACEM
IRA	METUS
REMISSUM	GRATUM
ONEROSA	SATIS
TAEDIUM	MIRUM
EXCITATUR	SYMPATHIA
MISERICORDIAM	TENERITUDINEM
GAUDIUM	TRISTITIA

86 - Géographie

```
M P F Z P N C A U R L H H M
W A T L A S U Y F O A T E E
M T R U F E B U I B T Y M R
U R T E R R I T O R I O I I
N I Q O Q S L X X U T C S D
D A J C M O N T E M U R P I
I Q G H G E O M D X D S H A
W E S T G F R Y I M O V A N
I F G V A L T I T U D O E U
L N T J V U H C D T X R R S
E X S S U M M A P I V H I N
A B W U R E G I O N E M O J
M Q N W L N E P E F A M M P
H O O C E A N U M U R B E M
```

ALTITUDO
ATLAS
MAP
FLUMEN
HEMISPHAERIO
INSULA
LATITUDO
MARE
MERIDIANUS
MUNDI

MONTEM
NORTH
OCEANUM
WEST
PATRIA
REGIONE
MERIDIEM
TERRITORIO
URBEM

87 - Danse

```
Z E G R A T I A Y E N A C V
P Y X L A E T A Q S P F U C
J P C P C U L T U R A F L H
A T L T R A D I T U M E T O
M A A S E E X C L Q J C U R
U C S O C V S Y O F U T R E
S A S C E I T S I R E U A O
I D I I N S A I I I P S E G
C E C U S U T N R V N U D R
A M A M E A U A Z Z U B S A
W I L G N L R Q I U M M T P
F A E I D K A G F S E V K H
M E W A U H M O X G R H Z Y
V J B Z M M O T U S O H W J
```

ACADEMIAE
ES
CHOREOGRAPHY
CLASSICAL
CORPUS
CULTURA
CULTURAE
EXPRESSIVUM
AFFECTUS
GRATIA

LAETA
MOTUS
MUSICA
SOCIUM
STATURAM
RECENSENDUM
NUMERO
TRADITUM
VISUAL

88 - Bâtiments

```
C A M E R A M O F I J L S H
O P C D C G U X A T I E C O
D J C X L A E I C I N G H T
U N I V E R S I T Y R A O E
I U H S M A O T O X P T L L
S L O T U G F O R U M I A T
K L R A S E F D Y U T O T H
D A R D E N I B V Q M N U E
Z V E I U O C V K J Q E R A
W F U U M I I U J Y Z M R T
Y L M M A G N O B F Q D I R
H O S P I T A L I S K P S U
O B S E R V A T O R I U M M
T A B E R N A C U L U M V P
```

LEGATIONEM   NULLA
DUIS   MUSEUM
OFFICINA   OBSERVATORIUM
CAMERAM   STADIUM
CASTRUM   FORUM
SCHOLA   TABERNACULUM
GARAGE   THEATRUM
HORREUM   TURRIS
HOSPITALIS   UNIVERSITY
HOTEL   FACTORY

89 - Pêche

```
N Z I A C M T N S R I P O P
B A X I O A U G E N D O C B
A Q V Y Q X N H A M O N E D
B U F I U I O I E S X D A I
L A Q I E L V F S G G U N E
S V F U S L T L C T B S U H
A P P A R A T U A A R S M K
D E O L O N K M K Q A U D D
Z C W Y A D X E V J N F M L
Z Q K V F C E N T Z C V V G
J B E A C H U E T L H F A G
F I L U M B V S T H I I A K
P A T I E N T I A R A L B R
T E M P O R U M Q N S G S Y
```

ESCA
NAVI
BRANCHIAS
HAMO
COQUES
AQUA
AUGENDO
APPARATU
FILUM

FLUMEN
LACUS
MAXILLA
OCEANUM
CANISTRUM
PATIENTIA
BEACH
PONDUS
TEMPORUM

90 - Activités et Loisirs

```
V  C  P  S  U  P  E  R  F  I  C  I  E  S
R  A  U  I  K  D  Y  S  D  D  B  B  X  O
U  S  L  B  C  U  I  M  X  I  O  A  Y  W
S  T  V  U  P  T  P  R  Y  G  X  S  C  X
P  R  I  T  I  R  U  T  Z  N  I  E  O  C
E  A  N  F  S  I  L  R  G  I  N  B  N  Z
H  F  A  Q  C  S  T  A  A  S  G  A  S  W
M  O  R  S  A  T  R  V  R  S  A  L  E  Z
X  E  B  K  N  I  I  E  D  I  J  L  Q  G
T  I  D  B  D  Q  C  L  E  M  N  M  U  O
N  G  X  Z  I  U  E  R  N  W  A  I  A  L
A  O  B  H  T  E  S  H  I  W  O  M  T  F
S  Z  O  V  C  P  S  B  N  I  X  W  E  I
N  A  T  A  N  T  E  S  G  Y  J  V  I  T
```

ES	HOBBIES
BASEBALL	PICTURA
ULTRICES	PISCANDI
BOXING	CONSEQUAT
CASTRA	AMET
DIGNISSIM	SUPERFICIES
GOLF	TRISTIQUE
GARDENING	PULVINAR
NATANTES	TRAVEL

91 - Livres

```
H H U P L S P C A R M E N V
I U C A V M E A U I A W J N
S J A G P C R R C N F Q Z L
T U K E F A T M I G R D X I
O S E Z D S I I A E R U A T
R M B L D U N N C N S A U T
I O S E N S E A O I F L C E
C D H C Z O T K N O A I T R
A I A T R X V K T S B T O A
N F Y O Z I R E E U A R R
W V E R B A P I X S L T H U
T R A G I C I T T E A E C M
V I O V N Y R W U I R M N O
C O L L E C T I O M L I C H
```

AUCTOR	LECTOR
CASUS	LITTERARUM
COLLECTIO	VERBA
CONTEXT	PAGE
DUALITATEM	PERTINET
SCRIPTUM	CARMEN
FABULA	CARMINA
HISTORICA	NOVE
HUJUSMODI	SERIES
INGENIOSUS	TRAGICI

92 - Pays #2

```
K H F E A G J G T F R M B O
L E H A I T I A A J A P A N
I H N O C V J B T L V R B M
B S N Y D Y K N Q K L K J E
A S U D A N I A X O V I W X
N M U W N J A M A I C A A I
U U P K I N D O N E S I A C
S K Q X A S O M A L I A L O
K L O R E M I P S U M Y B L
U A P T U Y O B Y G K G A V
K O W I W S U M R A O G N U
Z S Z X S Q S O I N W L I D
A E T H I O P I A D A G A C
H I B E R N I A A A H B A M
```

ALBANIA	KENYA
LOREM IPSUM	LAOS
DANIAE	LIBANUS
AETHIOPIA	MEXICO
GALLIA	UGANDA
HAITIA	RUSSIA
INDONESIA	SOMALIA
HIBERNIA	SUDANIA
JAMAICA	SYRIA
JAPAN	

93 - Fournitures d'Art

```
G A T R A M E N T U M G H Z
L P C A M E R A W C H P F T
O L E U M J Q V L D X P I G
S W C R O R T S U C D J K L
S A A M T A Z N T H D R F U
A T R E I E B X U A Q U A T
R E B N U L R H M R U G M E
I R O S M A I G G T D C X N
U C N A W A R P E A I O N W
M O E M D J O U Z T V L L T
Z L S H A D P D E L E O S V
C O C A T H E D R A L R D L
S R W N U Z K P D O N E C H
G S P E N I C I L L I S F M
```

DONEC	COLORES
WATERCOLORS	PENICILLI
LUTUM	GLOSSARIUM
PERTERGET	AQUA
CAMERA	ATRAMENTUM
CATHEDRA	DELEO
CARBONES	OLEUM
OTIUM	CHARTA
GLUTEN	MENSAM

94 - Jouets

```
M  I  L  V  U  S  C  V  Z  P  U  V  F  N
X  N  V  P  U  Z  Z  L  E  U  D  V  Y  Z
Y  Y  E  C  B  Q  L  F  G  P  D  N  Z  M
K  I  N  A  H  C  S  K  X  A  G  K  P  H
Q  V  T  R  D  O  L  O  R  Z  R  S  R  I
A  Y  U  N  I  M  A  G  I  N  A  T  I  O
R  R  S  L  V  I  V  A  M  U  S  M  T  X
L  U  T  U  M  T  G  R  O  B  O  T  Y  H
Y  U  D  E  C  A  M  G  G  K  P  Q  M  G
J  D  D  M  S  T  O  O  K  Z  I  A  P  M
P  S  S  O  X  U  U  T  G  U  L  K  A  A
Q  T  L  E  S  J  X  Q  R  P  A  L  N  W
J  T  Z  N  N  A  V  I  V  J  W  A  Q
L  A  T  R  U  N  C  U  L  O  R  U  M  B
```

LUTUM	IMAGINATIO
ARTES	LUDOS
VIVAMUS	PUPA
PILA	PUZZLE
NAVI	ROBOT
DOLOR	TYMPANA
MILVUS	COMITATU
LATRUNCULORUM	CAR
VENTUS	

95 - Eau

```
F E B Y K V A P O R C W Q D
P L U V I A S Q H Y A D B I
C H U M I D I T A S T F A L
E A O C E A N U M I G E L U
E T N Y T O H D K M Q C U V
P M E A U U V B F B P O J I
N I U S L M S K M E R T G U
E I P V I I P F Z R O V E M
L A C U S A S V C U C U Y H
I R R I G A T I O N E S S U
D R I N K A B L E X L I E M
Z X T O D G N N I X L C R I
F L U M E N M Q A V A E C D
E V A P O R A T I O E J V O
```

CANALIS
IMBER
EVAPORATIO
FLUMEN
GELU
GEYSER
ICE
HUMIDO
HUMIDITAS
DILUVIUM

IRRIGATIONES
LACUS
ETESIA
NIX
OCEANUM
PROCELLAE
PLUVIA
DRINKABLE
FLUCTUS
VAPOR

96 - Paysages

```
I C E B E R G N F X D R F Q
E E I B Y M H I L L E T F O
E I N E U P E N I N S U L A
H C S A P A L U S E E N U S
O A U C X F D R J Y R D M I
G V L H M U C H F E T R E S
L E A D O J A C V K O A N V
A X Y J N G T L A C U S M O
C A E S T U A R I U M U P L
I A E X E E R O A B G L Z C
E L A K M R A M U O J D Y A
R U E E H P C A O U R R B N
D R J C J K T R B P X Y Q O
Y Q F P E R A E F H O H W L
```

CATARACTA   LACUS
HILL   PALUS
DESERTO   MARE
AESTUARIUM,   MONTEM
FLUMEN   OASIS
GEYSER   PENINSULA
GLACIER   BEACH
CAVE   TUNDRA
ICEBERG   VOLCANO
INSULA

97 - Nombres

```
D S Q W G P D V Q Y Q L U A
T Y E B I J E I U I U W N Q
S R T X R D C G I N I D D S
E D E C E M I I N O N U E E
D Q I S D N M N D V Q O V P
E A S E E U A T E E U D I T
C G R P C L L I C M E E G E
I K J T I L E M I Y W C I M
M M R E M A S I M B D I N D
B Y Y M H P U Y J Z A M T E
D E C E M E T O C T O Z I C
M B I T P I T C C E D U O I
L Z T L Q U A T T U O R T M
C Q U A T T U O R D E C I M
```

QUINQUE
DUO
DECIMALES
DECEM
DECEM ET OCTO
UNDEVIGINTI
SEPTEMDECIM
DUODECIM
OCTO
NOVEM

QUATTUORDECIM
QUATTUOR
QUINDECIM
SEDECIM
SEPTEM
SEX
TREDECIM
TRES
VIGINTI
NULLA

98 - Nature

```
E D F Y X J G O Y U P S F A
X E L E E P L J S Z U E R R
E S U C R C A P E S L R O C
S E M A F A C C P V C E N T
A R E L W P I K I T H N D I
Q T N I S N E W F S R A E C
Z O F G Y U R J T A I D V S
K B I O B S O V Z T G I D
S I L V A E C C H C U U T K
B X Q V M S H O I S D M A J
T R O P I C A L E P O O L Y
W Z L F A N I M A L I A I U
M O N T E S X K G S W T S M
S A N C T U A R I U M M Z W
```

APES   SILVA
ANIMALIA   GLACIER
ARCTIC   MONTES
PULCHRITUDO   NUBES
CALIGO   PACIS
DESERTO   SANCTUARIUM
SUSCIPIT   FERA
EXESA   SERENA
FRONDE   TROPICAL
FLUMEN   VITALIS

99 - Bateaux

```
S V H T I Q K A Y A K A N M
C U D M Q I O K N A V I S A
A P S E N G I N E C W W E N
N E D T L L M A W D H N C A
T L F D I A A U Y X C O G G
A Z F O N N R T F P D Q R B
V Y A D T H E A M O N Y E Q
I A E W E I N O O R A P G F
T C S X R F L U C T U S E L
C H T F T O A R E T T I M U
D T U E Z M C T A I I B F M
V R S M G H U P N T C I X E
F U N E M U S F U O I G F N
Q U S P E T I N M R S S A S
```

ANCHOR   AESTUS
SUSTINEO   NAUTA
LINTER   MARE
FUNEM   ENGINE
GREGEM   NAUTICIS
CANTAVIT   OCEANUM
PORTTITOR   RATIS
FLUMEN   FLUCTUS
KAYAK   NAVIS
LACUS   YACHT

100 - Mesures

```
C E N T I M E T E R L H A P
A E H E B A E V O Q A T R R
L D K J Y S I Z U R T C K O
T L K N T S N U N C I A M F
I M I I E A M J D K T C P U
T I K T L O N G I T U D O N
U N I J E O R A H Z D E N D
D U L F N R M V W D O C D U
O T O N O S E E W H W I U M
W I G W T Z T L T Y Q M S A
E S R E D T R U C E G A V U
G R A D U S I J Q L R L X W
Q V M R Q S I N C H A E O S
N S E X T A R I U M M S E C
```

CENTIMETER   MASSA
GRADUS   METRI
DECIMALES   MINUTIS
GRAM   BYTE
ALTITUDO   UNCIAM
KILOGRAM   SEXTARIUM
KILOMETER   PONDUS
LATITUDO   INCH
LITER   PROFUNDUM
LONGITUDO   TON

1 - Été

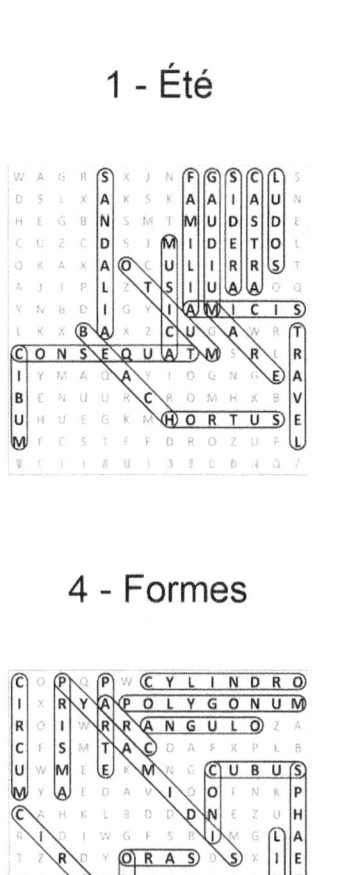

2 - Adjectifs #2

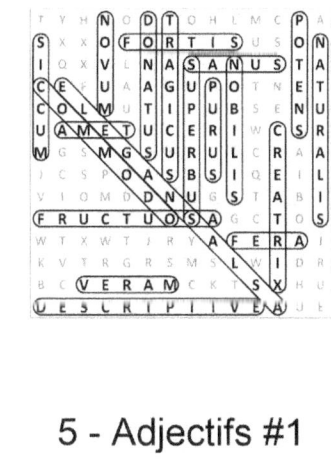

3 - Exploration

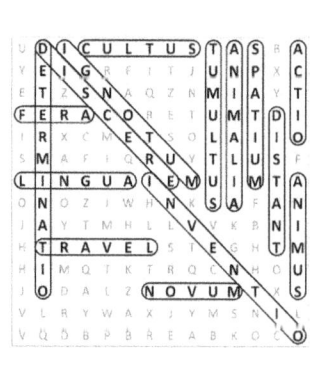

4 - Formes

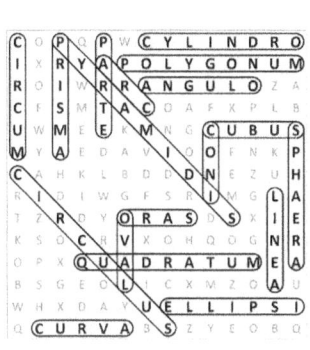

5 - Adjectifs #1

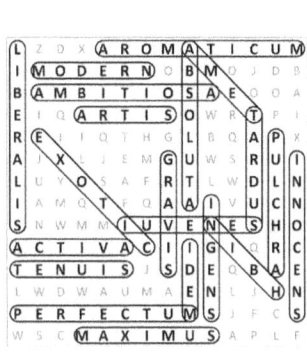

6 - Instruments de Musique

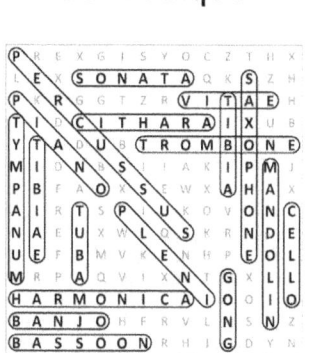

7 - Échecs

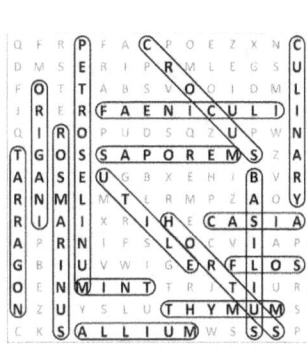

8 - Herboristerie

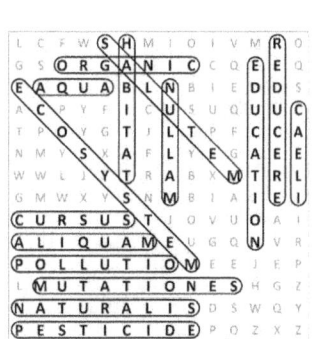

9 - Véhicules

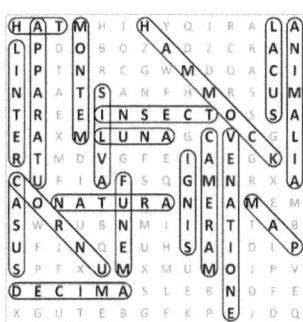

10 - Camping

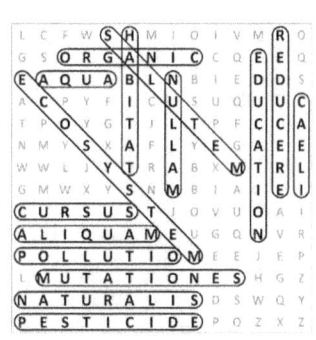

11 - Conservation

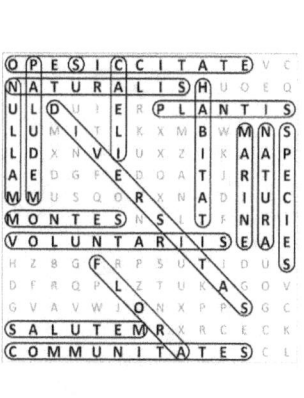

12 - Écologie

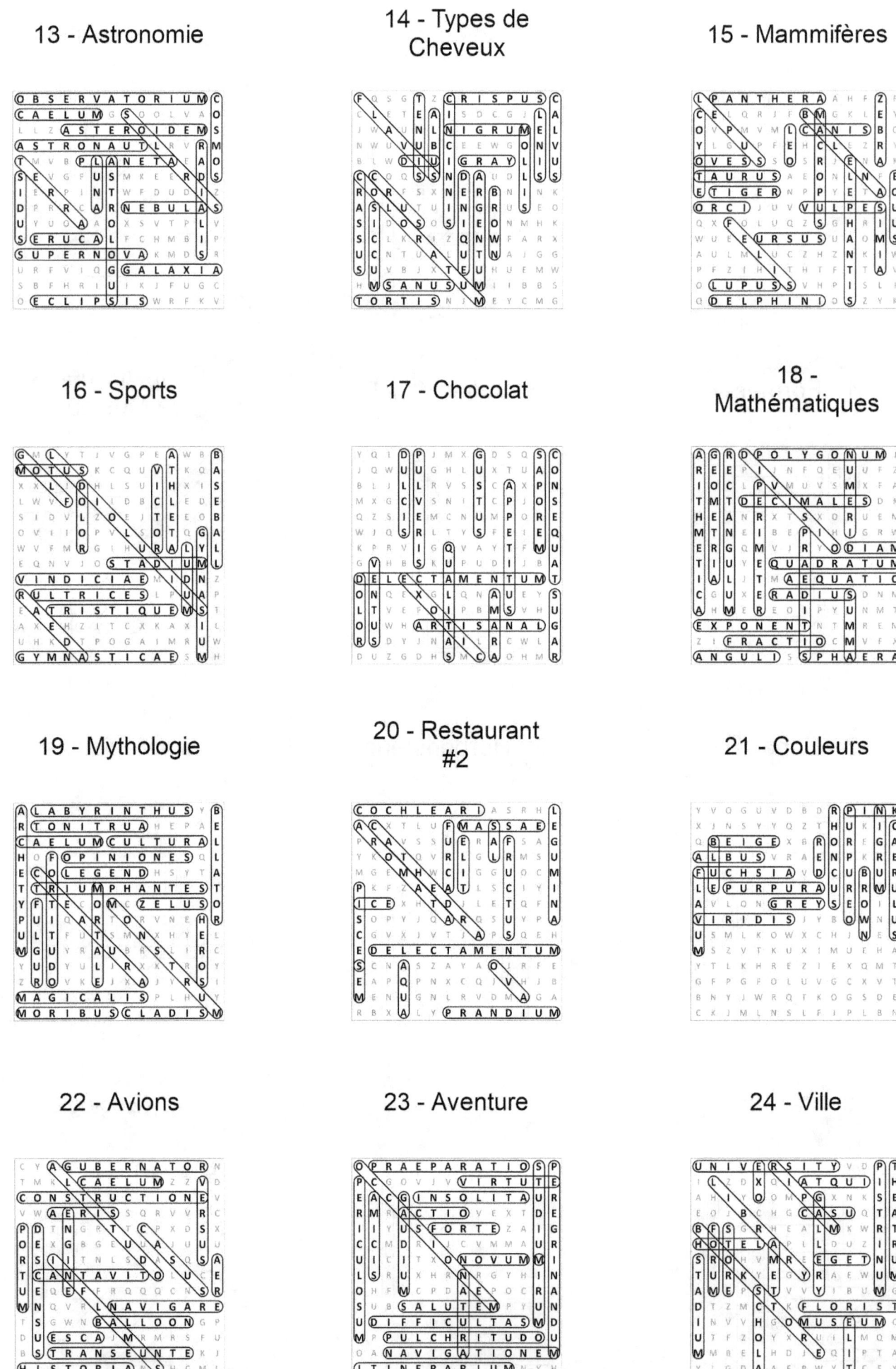

13 - Astronomie

14 - Types de Cheveux

15 - Mammifères

16 - Sports

17 - Chocolat

18 - Mathématiques

19 - Mythologie

20 - Restaurant #2

21 - Couleurs

22 - Avions

23 - Aventure

24 - Ville

25 - Cuisine

26 - Gentillesse

27 - Corps Humain

28 - Épices

29 - Science

30 - Vêtements

31 - Arts Visuels

32 - Méditation

33 - Littérature

34 - Nourriture #1

35 - Jours et Mois

36 - Championnat

37 - Pirates

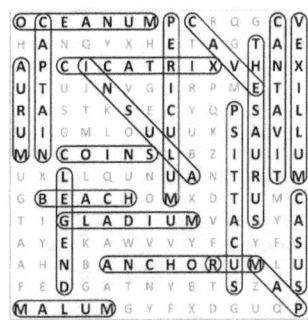

38 - Activités

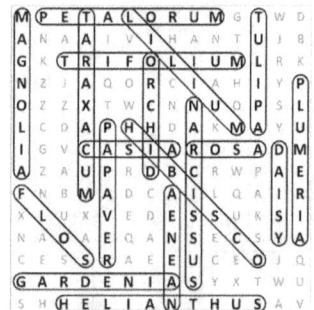

39 - Fleurs

40 - Nourriture #2

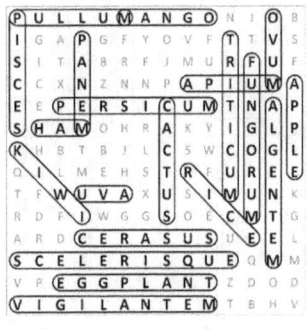

41 - Océan

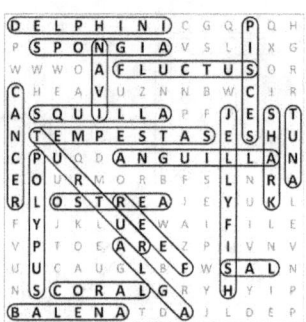

42 - Remplir

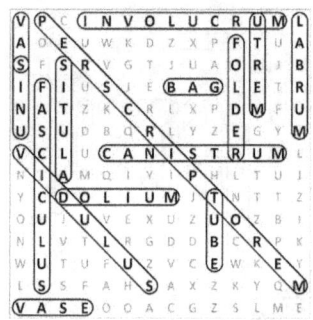

43 - Ballet

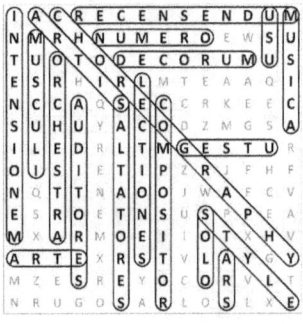

44 - Fruit

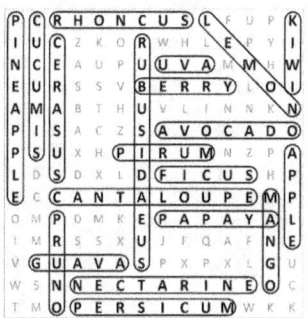

45 - Surf

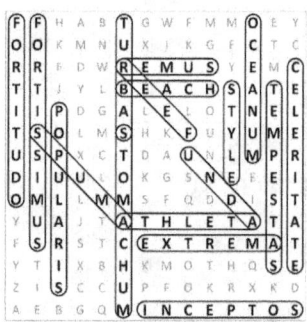

46 - Technologie

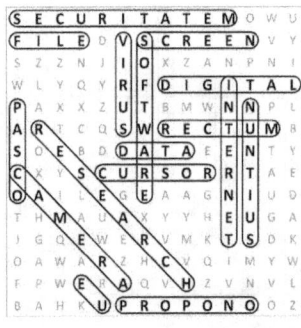

47 - Météo

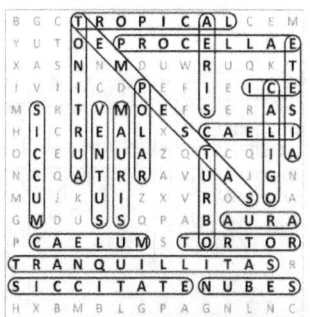

48 - Châteaux

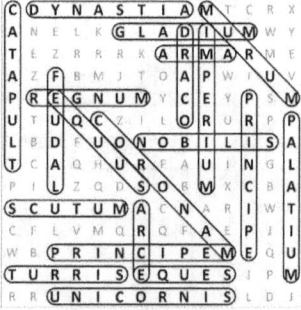

49 - Randonnée

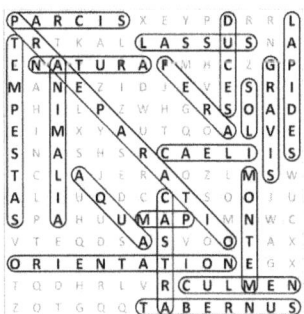

50 - Art

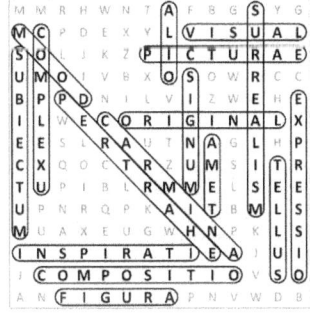

51 - Nutrition

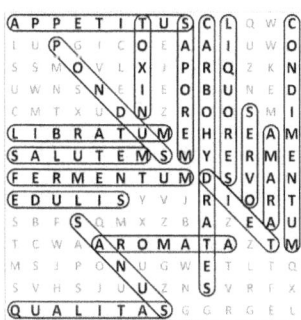

52 - Science Fiction

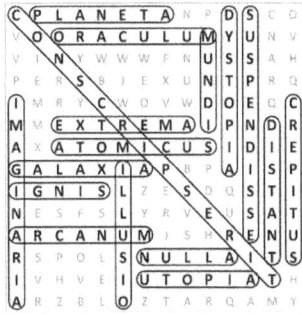

53 - Vertus #1

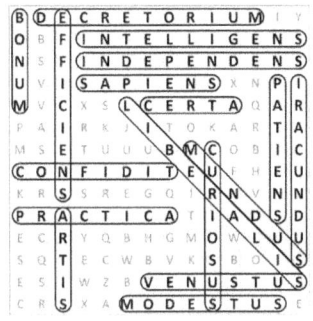

54 - Professions #1

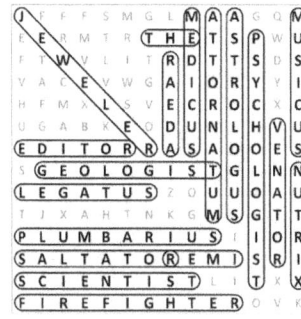

55 - Géologie

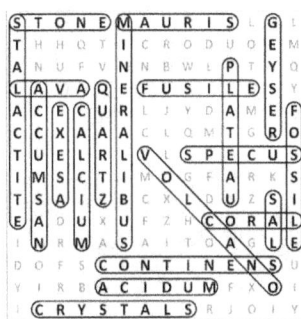

56 - Cirque

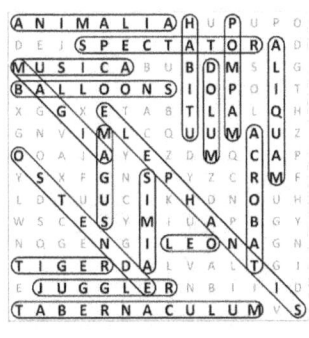

57 - Jardin

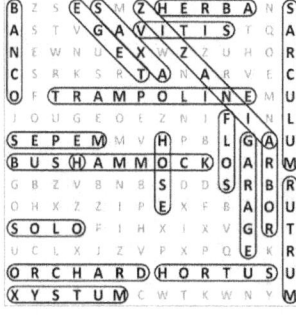

58 - Barbecues

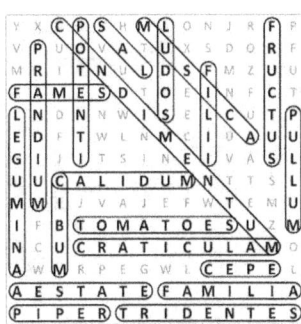

59 - Anniversaire

60 - Animaux de Compagnie

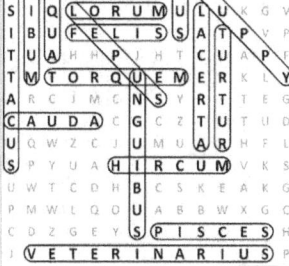

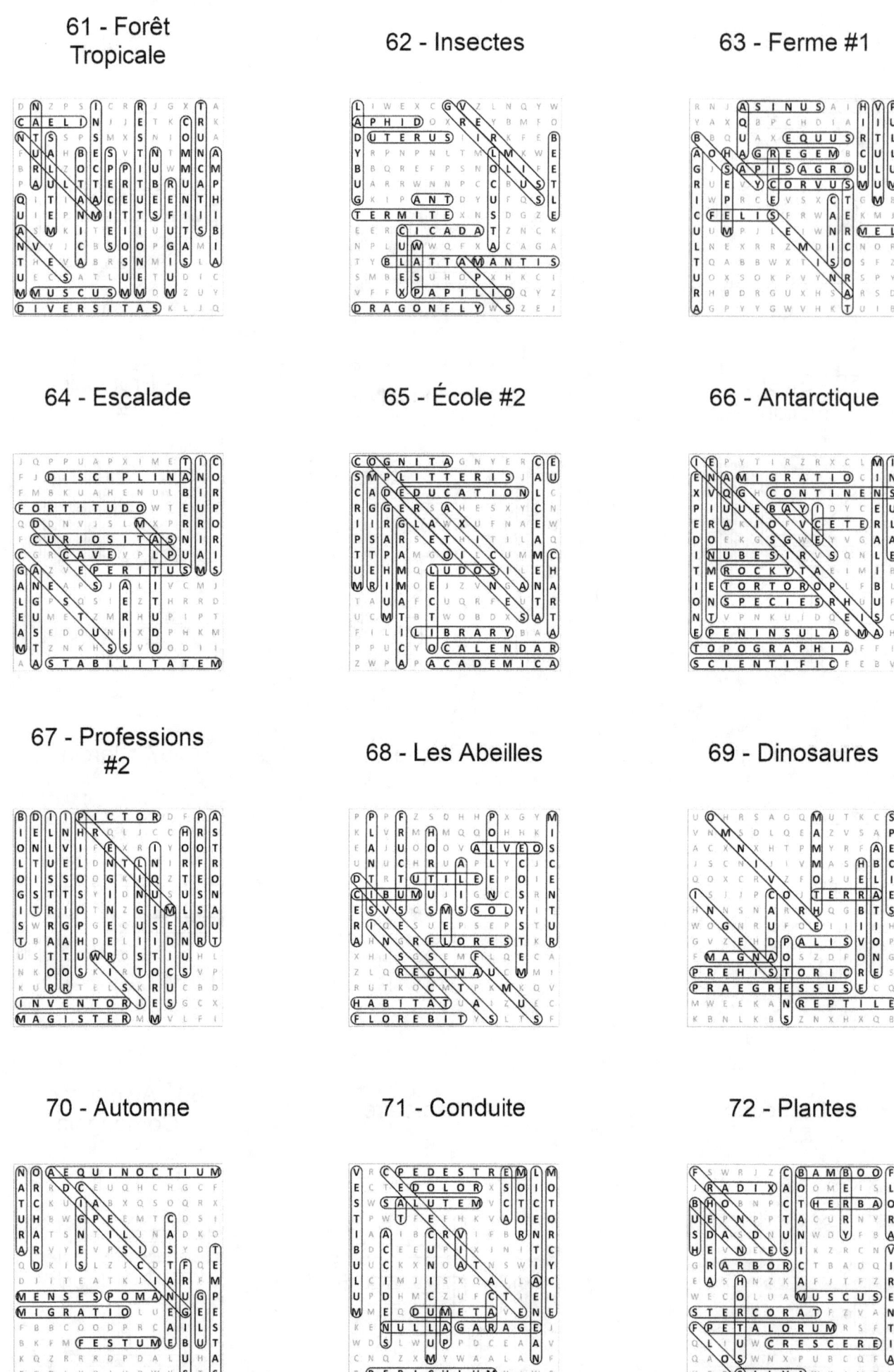

61 - Forêt Tropicale

62 - Insectes

63 - Ferme #1

64 - Escalade

65 - École #2

66 - Antarctique

67 - Professions #2

68 - Les Abeilles

69 - Dinosaures

70 - Automne

71 - Conduite

72 - Plantes

73 - Ferme #2

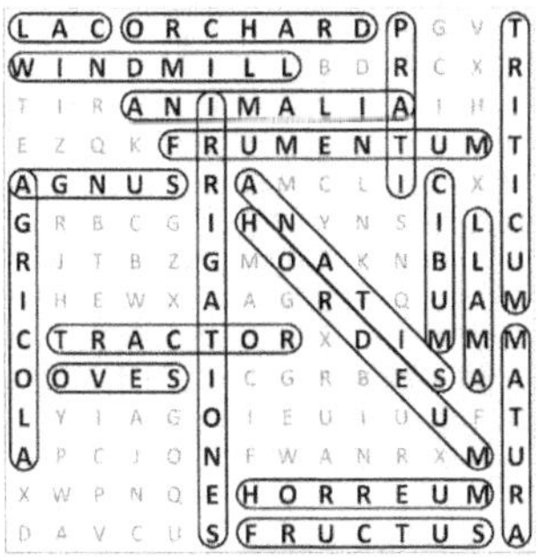

74 - École #1

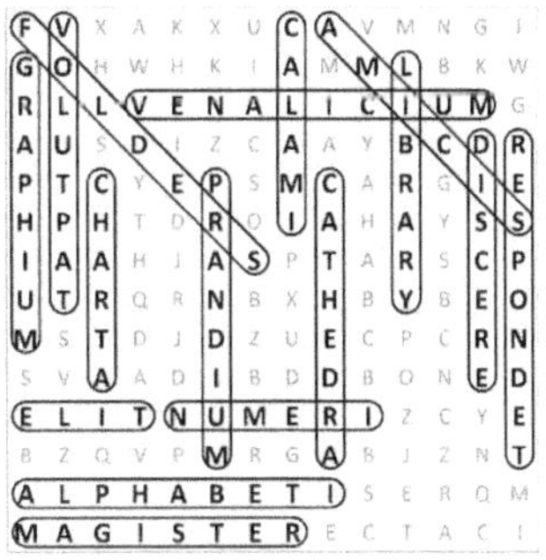

75 - Vacances #2

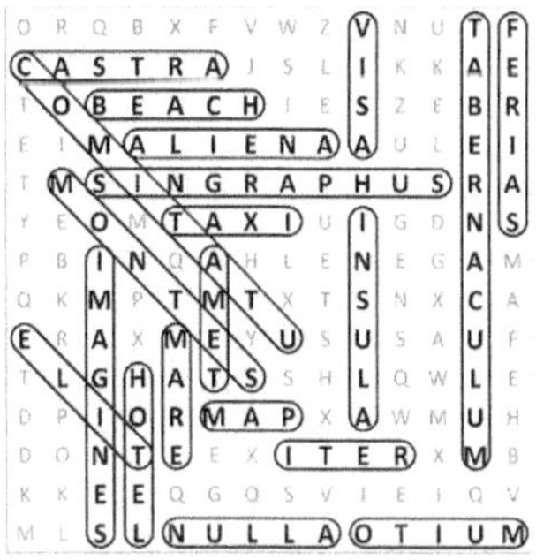

76 - Outils

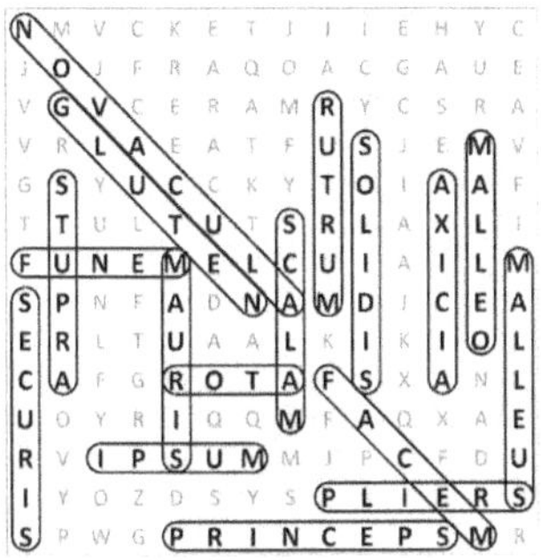

77 - Temps

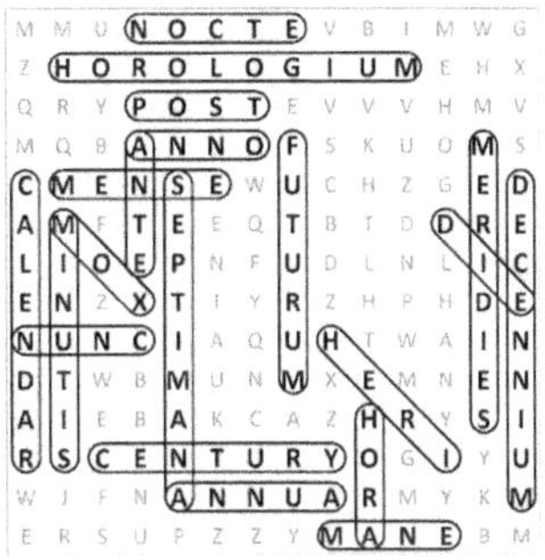

78 - Maison

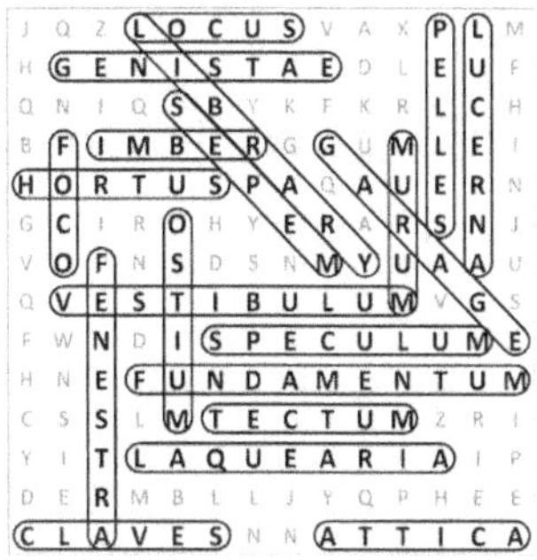

79 - Légumes

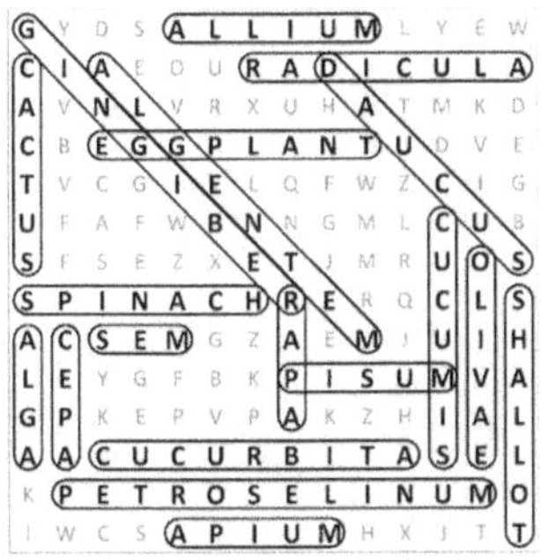

80 - Plage

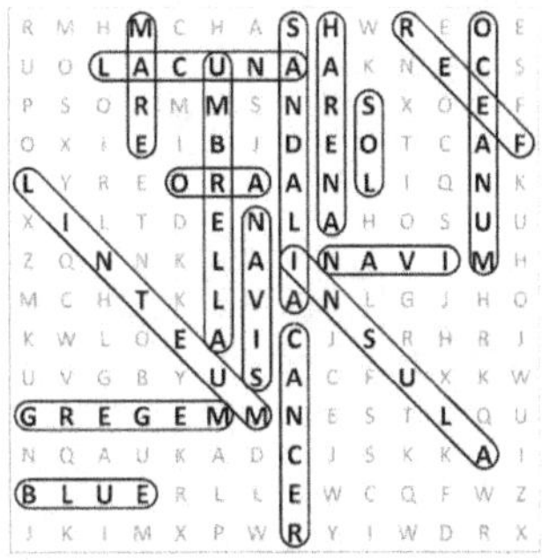

81 - Vacances #1

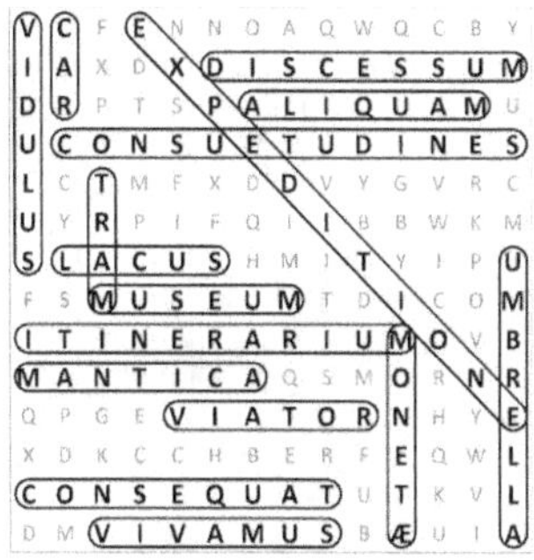

82 - Famille

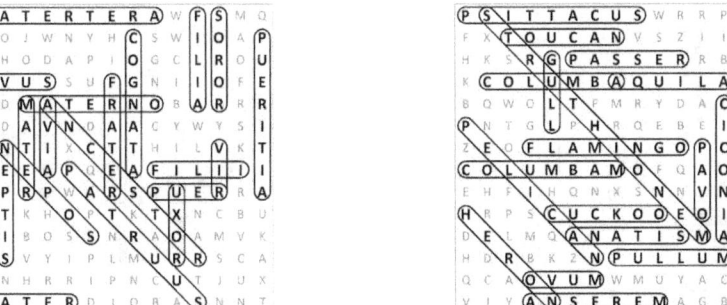

83 - Oiseaux

84 - Disciplines Scientifiques

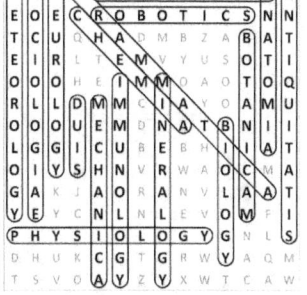

85 - Émotions

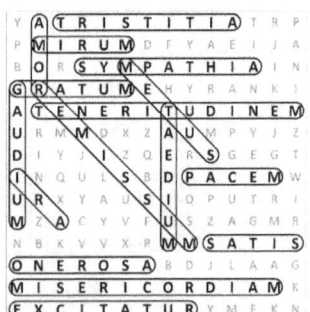

86 - Géographie

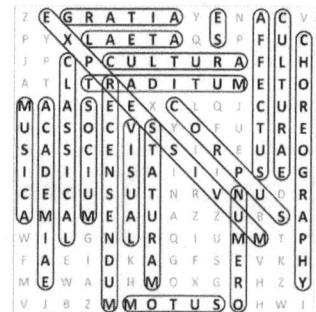

87 - Danse

88 - Bâtiments

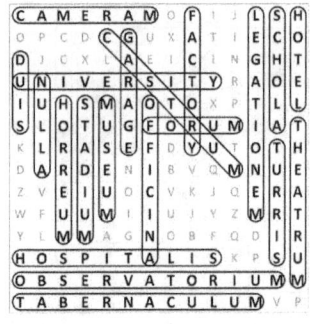

89 - Pêche

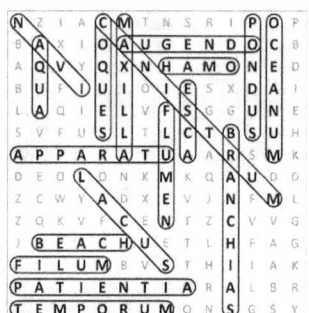

90 - Activités et Loisirs

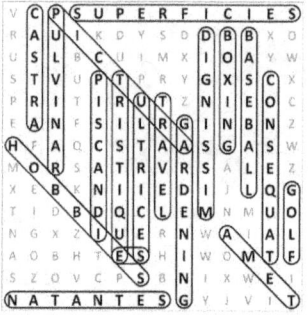

91 - Livres

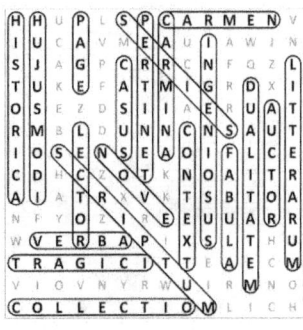

92 - Pays #2

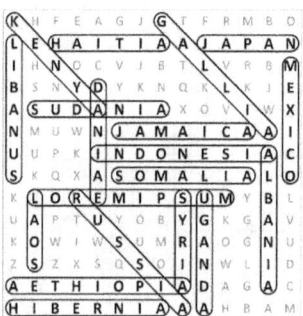

93 - Fournitures d'Art

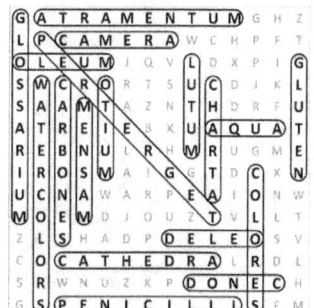

94 - Jouets

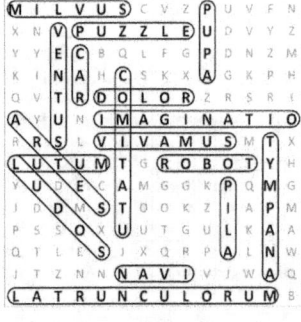

95 - Eau

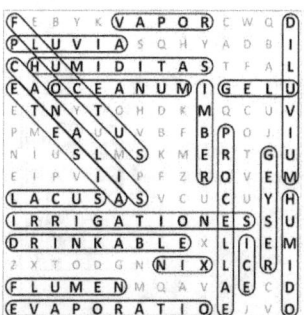

96 - Paysages

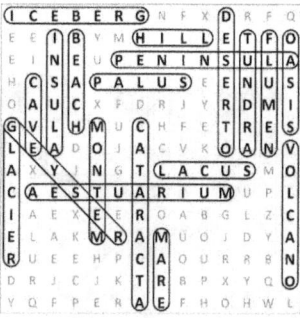

97 - Nombres

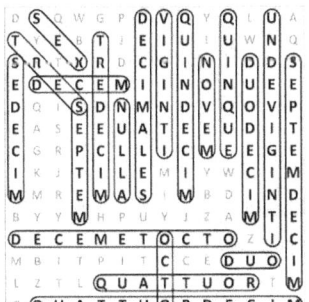

98 - Nature

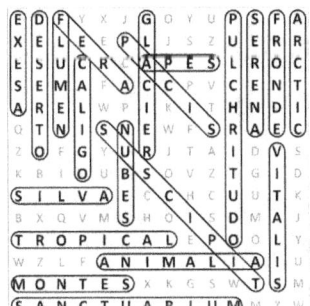

99 - Bateaux

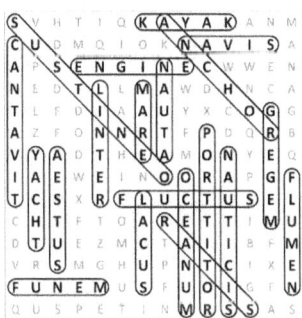

100 - Mesures

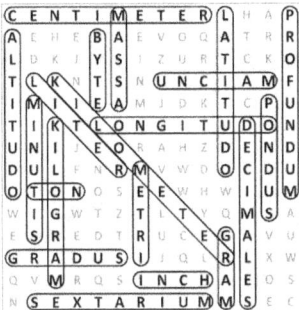

Dictionnaire

Activités
Operationes

Activité	Actio
Art	Es
Artisanat	Artes
Camping	Castra
Chasse	Venatione
Compétence	Arte
Couture	Sutura
Intérêts	Commodis
Jardinage	Gardening
Jeux	Ludos
Lecture	Lectio
Loisir	Otium
Magie	Magia
Peinture	Pictura
Pêche	Piscandi
Photographie	Consequat
Plaisir	Voluptatem
Tricot	Knitting

Activités et Loisirs
Operationes et Otium

Art	Es
Base-Ball	Baseball
Basket-Ball	Ultrices
Boxe	Boxing
Camping	Castra
Football	Dignissim
Golf	Golf
Jardinage	Gardening
Nager	Natantes
Passe-Temps	Hobbies
Peinture	Pictura
Pêche	Piscandi
Plongée	Consequat
Relaxant	Amet
Surf	Superficies
Tennis	Tristique
Volley-Ball	Pulvinar
Voyage	Travel

Adjectifs #1
Adiectiva #1

Absolu	Absoluta
Actif	Activa
Ambitieux	Ambitiosa
Aromatique	Aromaticum
Artistique	Artis
Attractif	Nibh
Beau	Pulchra
Exotique	Exotic
Énorme	Ingens
Généreux	Liberalis
Honnête	Amet
Identique	Idem
Important	Maximus
Innocent	Innocens
Jeune	Iuvenes
Lent	Tardus
Lourd	Gravis
Mince	Tenuis
Moderne	Modern
Parfait	Perfectum

Adjectifs #2
Adiectiva #2

Authentique	Veram
Célèbre	Nobilis
Créatif	Creatrix
Descriptif	Descriptive
Doué	Donatus
Dramatique	Tragicus
Élégant	Elegans
Fier	Superbus
Fort	Fortis
Intéressant	Commodo
Naturel	Naturalis
Nouveau	Novum
Productif	Fructuosa
Puissant	Potens
Pur	Purus
Responsable	Amet
Sain	Sanus
Salé	Salsa
Sauvage	Fera
Sec	Siccum

Animaux de Compagnie
Pets

Chat	Felis
Chèvre	Hircum
Chien	Canis
Chiot	Puppy
Collier	Torquem
Eau	Aqua
Griffes	Unguibus
Laisse	Lorum
Lapin	Lepus
Lézard	Lacerta
Nourriture	Cibum
Perroquet	Psittacus
Poisson	Pisces
Queue	Cauda
Souris	Mus
Tortue	Turtur
Vache	Bos
Vétérinaire	Veterinarius

Anniversaire
Natalis

Amis	Amicis
Année	Anno
Apprendre	Discere
Bougies	Candelas
Cadeau	Donum
Calendrier	Calendar
Chanson	Canticum
Fête	Celebratio
Gâteau	Massae
Heureux	Beatus
Invitations	Invitare
Jeune	Iuvenes
Jour	Die
Joyeux	Laeta
Né	Natus
Sagesse	Sapientia
Spécial	Specialis
Super	Magna
Temps	Tempus

Antarctique
Antarctica

Baie	Bay
Baleines	Cete
Chercheur	Inquisitorem
Continent	Continens
Eau	Aqua
Environnement	Environment
Espèce	Species
Expédition	Expeditione
Géographie	Geographia
Glace	Ice
Îles	Insulae
Migration	Migratio
Minéraux	Mineralibus
Nuage	Nubes
Oiseaux	Aves
Péninsule	Peninsula
Rocheux	Rocky
Scientifique	Scientific
Température	Tortor
Topographie	Topographia

Art
Es

Céramique	Tellus
Complexe	Complexu
Composition	Compositio
Dépeindre	Pertrahe
Expression	Expressio
Figure	Figura
Honnête	Amet
Humeur	Mood
Inspiré	Inspirati
Original	Original
Peintures	Picturae
Personnel	Alio
Poésie	Carmina
Sujet	Subiectum
Surréalisme	Surrealism
Symbole	Signum
Visuel	Visual

Arts Visuels
Artibus

Architecture	Architectura
Argile	Lutum
Artiste	Artifex
Charbon	Carbones
Chef-D'Œuvre	Palmarius
Chevalet	Otium
Cire	Cera
Composition	Compositio
Craie	Creta
Crayon	Graphium
Créativité	Glossarium
Film	Duis
Peinture	Pictura
Perspective	Prospectum
Photographie	Photograph
Pochoir	Stencil
Portrait	Effigies
Stylo	Pen

Astronomie
Astronomia

Astéroïde	Asteroidem
Astronaute	Astronaut
Astronome	Astrologus
Ciel	Caelum
Constellation	Sidus
Cosmos	Cosmos
Éclipse	Eclipsis
Équinoxe	Aequinoctium
Fusée	Eruca
Galaxie	Galaxia
Lune	Luna
Météore	Meteoron
Nébuleuse	Nebula
Observatoire	Observatorium
Planète	Planeta
Radiation	Radialis
Solaire	Solaris
Supernova	Supernova
Terre	Terra
Univers	Universi

Automne
Autumnus

Châtaignes	Castaneae
Climat	Caeli
Équinoxe	Aequinoctium
Festival	Festum
Feux	Ignes
Gel	Gelu
Gland	Frugibus,
Météo	Tempestas
Migration	Migratio
Mois	Menses
Nature	Natura
Pommes	Poma
Saisonnier	Adipiscing
Verger	Orchard

Aventure
Casus

Activité	Actio
Amis	Amicis
Beauté	Pulchritudo
Bravoure	Virtute
Chance	Forte
Dangereux	Periculosum
Difficulté	Difficultas
Enthousiasme	Studium
Excursion	Peregrinandum
Inhabituel	Insolita
Itinéraire	Itinerarium
Joie	Gaudium
Nature	Natura
Navigation	Navigationem
Nouveau	Novum
Opportunité	Occasionem
Préparation	Praeparatio
Sécurité	Salutem
Surprenant	Mirum

Avions
Airplanes

Air	Aer
Atmosphère	Aeris
Atterrissage	Portum
Aventure	Casus
Ballon	Balloon
Carburant	Esca
Ciel	Caelum
Construction	Constructione
Descente	Descensus
Direction	Versus
Équipage	Cantavit
Gonfler	Inflamus
Hauteur	Altitudo
Histoire	Historia
Hydrogène	Consectetuer
Moteur	Engine
Naviguer	Navigare
Passager	Transeunte
Pilote	Gubernator
Turbulence	Ferociam

Ballet
Talarium

Artistique	Artis
Chorégraphie	Choreography
Compétence	Arte
Compositeur	Compositor
Danseurs	Saltatores
Expressif	Expressivum
Geste	Gestu
Gracieux	Decorum
Intensité	Intensionem
Leçons	Lectiones
Muscles	Musculi
Musique	Musica
Orchestre	Orchestra
Pratique	Usu
Public	Auditores
Répétition	Recensendum
Rythme	Numero
Solo	Solo
Style	Style
Technique	Ars

Barbecues
Barbecues

Chaud	Calidum
Dîner	Prandium
Enfants	Filii
Été	Aestate
Faim	Fames
Famille	Familia
Fourchettes	Tridentes
Fruit	Fructus
Gril	Craticulam
Jeux	Ludos
Légumes	Legumina
Musique	Musica
Nourriture	Cibum
Oignons	Cepe
Poivre	Piper
Poulet	Pullum
Salades	Potenti
Sauce	Condimentum
Sel	Sal
Tomates	Tomatoes

Bateaux
Navibus

Ancre	Anchor
Bouée	Sustineo
Canoë	Linter
Corde	Funem
Dock	Gregem
Équipage	Cantavit
Ferry	Porttitor
Fleuve	Flumen
Kayak	Kayak
Lac	Lacus
Marée	Aestus
Marin	Nauta
Mer	Mare
Moteur	Engine
Nautique	Nauticis
Océan	Oceanum
Radeau	Ratis
Vagues	Fluctus
Voilier	Navis
Yacht	Yacht

Bâtiments
Aedificia

Ambassade	Legationem
Appartement	Duis
Atelier	Officina
Cabine	Cameram
Château	Castrum
École	Schola
Garage	Garage
Grange	Horreum
Hôpital	Hospitalis
Hôtel	Hotel
Laboratoire	Nulla
Musée	Museum
Observatoire	Observatorium
Stade	Stadium
Supermarché	Forum
Tente	Tabernaculum
Théâtre	Theatrum
Tour	Turris
Université	University
Usine	Factory

Camping
Castra

Animaux	Animalia
Aventure	Casus
Boussole	Decima
Cabine	Cameram
Canoë	Linter
Carte	Map
Chapeau	Hat
Chasse	Venatione
Corde	Funem
Équipement	Apparatu
Feu	Ignis
Forêt	Silva
Hamac	Hammock
Insecte	Insect
Lac	Lacus
Lanterne	Cornu
Lune	Luna
Montagne	Montem
Nature	Natura
Tente	Tabernaculum

Championnat
Vindiciae

Champion	Fortissimus
Championnat	Vindiciae
Endurance	Patientia
Entraîneur	Raeda
Équipe	Dolor
Finaliste	Finalist
Jeux	Ludos
Juge	Iudex
Médaille	Numisma
Motivation	Causam
Performance	Euismod
Sports	Ludis
Stratégie	Consilio
Tournoi	Torneamentum
Transpiration	Sudor
Victoire	Victoria

Châteaux
Castella

Armure	Arma
Bouclier	Scutum
Catapulte	Catapull
Cheval	Equus
Chevalier	Eques
Couronne	Coronam
Dragon	Draco
Dynastie	Dynastia
Empire	Imperium
Épée	Gladium
Féodal	Feudal
Forteresse	Arce
Licorne	Unicornis
Mur	Murum
Noble	Nobilis
Palais	Palatium
Prince	Principe
Princesse	Principem
Royaume	Regnum
Tour	Turris

Chocolat
Scelerisque

Amer	Amara
Antioxydant	Antioxidant
Artisanal	Artisanal
Calories	Adipiscing
Délicieux	Delectamentum
Doux	Dulcis
Envie	Appetitus
Exotique	Exotic
Favori	Ventus
Goût	Gustus
Ingrédient	Ingrediens
Noix de Coco	Dolor
Poudre	Pulveris
Qualité	Qualitas
Recette	Consequat
Saveur	Saporem
Sucre	Sugar

Cirque
Circo

Acrobate	Acrobat
Animaux	Animalia
Astuce	Dolum
Ballons	Balloons
Billet	Aliquam
Costume	Habitu
Éléphant	Elephantis
Jongleur	Juggler
Lion	Leo
Magicien	Magus
Magie	Magia
Montrer	Ostende
Musique	Musica
Parade	Pompam
Singe	Simia
Spectateur	Spectator
Tente	Tabernaculum
Tigre	Tiger

Conduite
Pulsis

Accident	Accidens
Camion	Dolor
Carburant	Esca
Carte	Map
Danger	Periculum
Freins	Dumeta
Garage	Garage
Gaz	Vestibulum
Licence	Licentia
Moteur	Motor
Moto	Motorcycle
Piéton	Pedestrem
Police	At
Route	Via
Sécurité	Salutem
Trafic	Aenean
Transport	Nulla
Tunnel	Cuniculum
Vitesse	Celeritate
Voiture	Car

Conservation
Conservationem

Changements	Mutationes
Climat	Caeli
Cycle	Cursus
Durable	Nullam
Eau	Aqua
Environnemental	Aliquam
Écosystème	Ecosystem
Éducation	Education
Habitat	Habitat
Naturel	Naturalis
Organique	Organic
Pesticide	Pesticide
Pollution	Pollutio
Réduire	Reducere
Santé	Salutem
Vert	Viridis

Corps Humain
Corpus Humanum

Bouche	Ore
Cerveau	Cerebrum
Cheville	Tarso
Cou	Collum
Coude	Cubitus
Cœur	Cor
Doigt	Digitus
Estomac	Stomachum
Épaule	Humerum
Genou	Genu
Lèvres	Labia
Main	Manu
Mâchoire	Maxilla
Menton	Mentum
Nez	Naribus
Oreille	Auris
Peau	Cutis
Sang	Sanguinem
Tête	Caput
Visage	Faciem

Couleurs
Colores

Azur	Caerulus
Beige	Beige
Blanc	Albus
Bleu	Blue
Cramoisi	Purpureo
Fuchsia	Fuchsia
Gris	Grey
Jaune	Flavum
Marron	Brown
Noir	Nigrum
Orange	Rhoncus
Rose	Pink
Rouge	Red
Vert	Viridis
Violet	Purpura

Cuisine
Vestibulum

Baguettes	Chopsticks
Bol	Crater
Bouilloire	Lebete
Congélateur	Mauris
Cruche	Hydria
Cuillères	Scyphos
Épices	Aromata
Éponge	Spongia
Four	Clibano
Fourchettes	Tridentes
Gril	Craticulam
Louche	Hauriatur
Nourriture	Cibum
Recette	Consequat
Réfrigérateur	Leo
Serviette	Sudario
Tasses	Pocula

Danse
Chorus

Académie	Academiae
Art	Es
Chorégraphie	Choreography
Classique	Classical
Corps	Corpus
Culture	Cultura
Culturel	Culturae
Expressif	Expressivum
Émotion	Affectus
Grâce	Gratia
Joyeux	Laeta
Mouvement	Motus
Musique	Musica
Partenaire	Socium
Posture	Staturam
Répétition	Recensendum
Rythme	Numero
Traditionnel	Traditum
Visuel	Visual

Dinosaures
Dinosaurs

Ailes	Alis
Disparition	Ablatione
Espèce	Species
Énorme	Ingens
Évolution	Praegressus
Grand	Magna
Herbivore	Herbivore
Mammouth	Mammoth
Omnivore	Omnivore
Préhistorique	Prehistoric
Puissant	Potens
Queue	Cauda
Reptile	Reptile
Taille	Magnitudine
Terre	Terra
Vicieux	Vitiosus

Disciplines Scientifiques
Scientifica Disciplinis

Anatomie	Anatomia
Archéologie	Antiquitatis
Astronomie	Astronomia
Biochimie	Biochemistry
Biologie	Biology
Botanique	Botanicam
Chimie	Chemia
Écologie	Oecologia
Géologie	Nederlandicae
Immunologie	Immunology
Linguistique	Grammatica
Mécanique	Mechanica
Météorologie	Meteorology
Minéralogie	Mineralogy
Neurologie	Neurology
Physiologie	Physiology
Psychologie	Duis
Robotique	Robotics
Sociologie	Sociologiae
Zoologie	Zoologicam

Eau
Aqua

Canal	Canalis
Douche	Imber
Évaporation	Evaporatio
Fleuve	Flumen
Gel	Gelu
Geyser	Geyser
Glace	Ice
Humide	Humido
Humidité	Humiditas
Inondation	Diluvium
Irrigation	Irrigationes
Lac	Lacus
Mousson	Etesia
Neige	Nix
Océan	Oceanum
Ouragan	Procellae
Pluie	Pluvia
Potable	Drinkable
Vagues	Fluctus
Vapeur	Vapor

Escalade
Scandere

Altitude	Altitudo
Atmosphère	Aeris
Blessure	Iniuriam
Bottes	Tabernus
Carte	Map
Casque	Galeam
Curiosité	Curiositas
Expert	Peritus
Étroit	Angusta
Force	Fortitudo
Formation	Disciplina
Gants	Caestus
Grotte	Cave
Guides	Duces
Physique	Corporis
Stabilité	Stabilitatem

Exploration
Explorationem

Activité	Actio
Animaux	Animalia
Apprendre	Discere
Courage	Animus
Cultures	Cultus
Découverte	Inventio
Détermination	Determinatio
Espace	Spatium
Excitation	Tumultus
Inconnu	Ignotum
Langue	Lingua
Lointain	Distant
Nouveau	Novum
Sauvage	Fera
Voyage	Travel

Échecs
Latrunculorum

Adversaire	Adversarius
Apprendre	Discere
Blanc	Albus
Champion	Fortissimus
Concours	Certamen
Diagonal	Diameter
Jeu	Ludum
Joueur	Ludio Ludius
Noir	Nigrum
Passif	Passiva
Points	Puncta
Reine	Regina
Règles	Praecepta
Roi	Rex
Sacrifice	Sacrificium
Stratégie	Consilio
Temps	Tempus
Tournoi	Torneamentum

École #1
School #1

Alphabet	Alphabeti
Amis	Amicis
Apprendre	Discere
Bibliothèque	Library
Chaise	Cathedra
Crayon	Graphium
Des Stylos	Calami
Déjeuner	Prandium
Dossiers	Folders
Enseignant	Magister
Examens	Volutpat
Marqueurs	Venalicium
Nombres	Numeri
Papier	Charta
Réponses	Respondet
Salle de Classe	Elit

École #2
School #2

Académique	Academica
Activités	Operationes
Apprentissage	Cognita
Bibliothèque	Library
Calendrier	Calendar
Chaussures	Calceamenta
Ciseaux	Axicia
Crayon	Graphium
Dictionnaire	Dictionary
Enseignant	Magister
Écriture	Scriptum
Éducation	Education
Gomme	Deleo
Grammaire	Grammatica
Jeux	Ludos
Lecture	Lectio
Littérature	Litteris
Ordinateur	Eu
Papier	Charta
Science	Scientia

Écologie
Oecologia

Bénévoles	Voluntariis
Climat	Caeli
Communautés	Communitates
Diversité	Diversitas
Durable	Nullam
Espèce	Species
Flore	Flora
Habitat	Habitat
Marais	Paludem
Marin	Marine
Montagnes	Montes
Nature	Natura
Naturel	Naturalis
Plantes	Plantis
Ressources	Opes
Sécheresse	Siccitate
Survie	Salutem
Variété	Varietate
Végétation	Virentia

Émotions
Affectus

Amour	Amor
Calme	Tranquillitas
Colère	Ira
Détendu	Remissum
Embarrassé	Onerosa
Ennui	Taedium
Excité	Excitatur
Gentillesse	Misericordiam
Joie	Gaudium
Paix	Pacem
Peur	Metus
Reconnaissant	Gratum
Satisfait	Satis
Surprise	Mirum
Sympathie	Sympathia
Tendresse	Teneritudinem
Tristesse	Tristitia

Épices
Aromata

Aigre	Acidum
Ail	Allium
Amer	Amara
Anis	Anethum
Cardamome	Amomum
Coriandre	Coriandri
Curry	Curry
Doux	Dulcis
Fenouil	Faeniculi
Gingembre	Gingiber
Muscade	Nutmeg
Oignon	Cepa
Paprika	Paprika
Piment	Purus
Poivre	Piper
Réglisse	Liquiritiae
Safran	Crocus
Saveur	Saporem
Sel	Sal
Vanille	Vanilla

Été
Aestate

Amis	Amicis
Camping	Castra
Étoiles	Sidera
Famille	Familia
Jardin	Hortus
Jeux	Ludos
Joie	Gaudium
Loisir	Otium
Mer	Mare
Musique	Musica
Nourriture	Cibum
Plage	Beach
Plongée	Consequat
Sandales	Sandalia
Voyage	Travel

Famille
Familia

Ancêtre	Ancestor
Cousin	Cognata
Enfance	Pueritia
Enfant	Puer
Enfants	Filii
Femme	Uxor
Fille	Filia
Frère	Frater
Grand-Mère	Avia
Grand-Père	Avus
Mari	Vir
Maternel	Materno
Mère	Mater
Neveu	Nepos
Nièce	Neptis
Oncle	Patruus
Paternel	Paterni
Père	Pater
Soeur	Soror
Tante	Matertera

Ferme #1
Farm #1

Abeille	Apis
Agriculture	Agricultura
Âne	Asinus
Champ	Agro
Chat	Felis
Cheval	Equus
Chèvre	Hircum
Chien	Canis
Clôture	Sepem
Corbeau	Corvus
Eau	Aqua
Engrais	Stercorat
Foin	Hay
Graines	Semina
Miel	Mel
Poulet	Pullum
Riz	Rice
Troupeau	Gregem
Vache	Bos
Veau	Vitulum

Ferme #2
Farm #2

Agneau	Agnus
Agriculteur	Agricola
Animaux	Animalia
Blé	Triticum
Canard	Anatis
Fruit	Fructus
Grange	Horreum
Irrigation	Irrigationes
Lait	Lac
Lama	Llama
Légume	Vegetabilis
Maïs	Frumentum
Moulin à Vent	Windmill
Mouton	Oves
Mûr	Matura
Nourriture	Cibum
Orge	Hordeum
Pré	Prati
Tracteur	Tractor
Verger	Orchard

Fleurs
Flores

Bouquet	Flos
Gardénia	Gardenia
Hibiscus	Hibisco
Jasmin	Aenean
Jonquille	Narcissus
Lavande	Casia
Lys	Lilium
Magnolia	Magnolia
Marguerite	Daisy
Orchidée	Orchid
Passiflore	Passionflower
Pavot	Papaver
Pétale	Petalorum
Pissenlit	Taraxacum
Pivoine	Aglaophotis
Plumeria	Plumeria
Rose	Rosa
Tournesol	Helianthus
Trèfle	Trifolium
Tulipe	Tulipa

Forêt Tropicale
Rainforest

Amphibiens	Amphibia
Botanique	Botanica
Climat	Caeli
Communauté	Communitas
Diversité	Diversitas
Espèce	Species
Insectes	Insecta
Jungle	Truncatis
Mammifères	Nullam
Mousse	Muscus
Nature	Natura
Nuage	Nubes
Oiseaux	Aves
Précieux	Pretiosum
Refuge	Refugium
Respect	Quantum
Restauration	Restitutionem
Survie	Salutem

Formes
Figuris

Arc	Arc
Bords	Oras
Carré	Quadratum
Cercle	Circulus
Coin	Angulo
Courbe	Curva
Cône	Coni
Côté	Parte
Cube	Cubus
Cylindre	Cylindro
Ellipse	Ellipsi
Ligne	Linea
Ovale	Oval
Polygone	Polygonum
Prisme	Prisma
Pyramide	Pyramidis
Rectangle	Rectangulum
Rond	Circum
Sphère	Sphaera
Triangle	Triangulum

Fournitures d'Art
Artis Commeatibus

Acrylique	Donec
Aquarelles	Watercolors
Argile	Lutum
Brosses	Perterget
Caméra	Camera
Chaise	Cathedra
Charbon	Carbones
Chevalet	Otium
Colle	Gluten
Couleurs	Colores
Crayons	Penicilli
Créativité	Glossarium
Eau	Aqua
Encre	Atramentum
Gomme	Deleo
Huile	Oleum
Papier	Charta
Table	Mensam

Fruit
Fructus

Ananas	Pineapple
Avocat	Avocado
Baie	Berry
Cantaloup	Cantaloupe
Cerise	Cerasus
Citron	Lemon
Figue	Ficus
Framboise	Rubus Idaeus
Goyave	Guava
Kiwi	Kiwi
Mangue	Mango
Melon	Cucumis
Nectarine	Nectarine
Orange	Rhoncus
Papaye	Papaya
Pêche	Persicum
Poire	Pirum
Pomme	Apple
Prune	Pruno
Raisin	Uva

Gentillesse
Misericordiam

Aimant	Amare
Amical	Amica
Attentif	Intende
Authentique	Verum
Compréhension	Intellectus
Doux	Mitis
Fiable	Certa
Généreux	Liberalis
Heureux	Beatus
Honnête	Amet
Hospitalier	Hospitalem
Patient	Patiens
Respectueux	Reverentior
Réceptif	Receptiva
Utile	Benevolens

Géographie
Geographia

Altitude	Altitudo
Atlas	Atlas
Carte	Map
Continent	Continens
Fleuve	Flumen
Hémisphère	Hemisphaerio
Île	Insula
Latitude	Latitudo
Mer	Mare
Méridien	Meridianus
Monde	Mundi
Montagne	Montem
Nord	North
Océan	Oceanum
Ouest	West
Pays	Patria
Région	Regione
Sud	Meridiem
Territoire	Territorio
Ville	Urbem

Géologie
Nederlandicae

Acide	Acidum
Calcium	Calcium
Caverne	Specus
Continent	Continens
Corail	Coral
Couche	Accumsan
Cristaux	Crystals
Érosion	Exesa
Fondu	Fusile
Fossile	Fossile
Geyser	Geyser
Lave	Lava
Minéraux	Mineralibus
Pierre	Stone
Plateau	Plateau
Quartz	Quartz
Sel	Sal
Stalactite	Stalactite
Volcan	Volcano
Zone	Mauris

Herboristerie
Herbalism

Ail	Allium
Aromatique	Aromaticum
Basilic	Basilius
Bénéfique	Utile
Culinaire	Culinary
Estragon	Tarragon
Fenouil	Faeniculi
Fleur	Flos
Ingrédient	Ingrediens
Jardin	Hortus
Lavande	Casia
Marjolaine	Origani
Menthe	Mint
Persil	Petroselinum
Qualité	Qualitas
Romarin	Rosmarinus
Safran	Crocus
Saveur	Saporem
Thym	Thymum
Vert	Viridis

Insectes
Insecta

Abeille	Apis
Cafard	Blattam
Cigale	Cicada
Coccinelle	Ladybug
Criquet	Locusta
Fourmi	Ant
Guêpe	Wasp
Larve	Uterus
Libellule	Dragonfly
Mante	Mantis
Moustique	Culex
Papillon	Papilio
Puceron	Aphid
Sauterelle	Grillus
Scarabée	Beetle
Termite	Termite
Ver	Vermis

Instruments de Musique
Organis

Banjo	Banjo
Basson	Bassoon
Carillons	Pleni
Clarinette	Tibiae
Flûte	Tibia
Gong	Gong
Guitare	Cithara
Harmonica	Harmonica
Hautbois	Sonata
Mandoline	Mandolin
Percussion	Percussus
Piano	Piano
Saxophone	Saxophone
Tambourin	Tympanum
Trombone	Trombone
Trompette	Tuba
Violon	Vitae
Violoncelle	Cello

Jardin
Hortus

Arbre	Arbor
Banc	Banco
Buisson	Bush
Clôture	Sepem
Étang	Eget
Fleur	Flos
Garage	Garage
Hamac	Hammock
Herbe	Herba
Jardin	Hortus
Mauvaises Herbes	Zizania
Pelle	Rutrum
Râteau	Sarculum
Roches	Saxa
Sol	Solo
Terrasse	Xystum
Trampoline	Trampoline
Tuyau	Hose
Verger	Orchard
Vigne	Vitis

Jouets
Nugas

Argile	Lutum
Artisanat	Artes
Avion	Vivamus
Balle	Pila
Bateau	Navi
Camion	Dolor
Cerf-Volant	Milvus
Échecs	Latrunculorum
Favori	Ventus
Imagination	Imaginatio
Jeux	Ludos
Poupée	Pupa
Puzzle	Puzzle
Robot	Robot
Tambours	Tympana
Train	Comitatu
Voiture	Car

Jours et Mois
Diebus et Mensibus

Août	August
Avril	Aprilis
Calendrier	Calendar
Dimanche	Dominica
Février	February
Janvier	January
Jeudi	Jovis
Juillet	July
Juin	June
Lundi	Monday
Mardi	Martis
Mars	Martii
Mercredi	Wednesday
Mois	Mense
Novembre	November
Octobre	Aliquam
Samedi	Saturday
Semaine	Septimana
Septembre	September
Vendredi	Veneris

Les Abeilles
Apes

Ailes	Alis
Bénéfique	Utile
Cire	Cera
Diversité	Diversitas
Essaim	Miscentur
Écosystème	Ecosystem
Fleur	Florebit
Fleurs	Flores
Fruit	Fructus
Fumée	Fumus
Habitat	Habitat
Insecte	Insect
Jardin	Hortus
Miel	Mel
Nourriture	Cibum
Plantes	Plantis
Pollen	Pollen
Reine	Regina
Ruche	Alveo
Soleil	Sol

Légumes
Legumina

Ail	Allium
Algue	Alga
Artichaut	Cactus
Aubergine	Eggplant
Brocoli	Algentem
Carotte	Daucus
Céleri	Apium
Champignon	Fungorum
Citrouille	Cucurbita
Concombre	Cucumis
Échalote	Shallot
Épinard	Spinach
Gingembre	Gingiber
Navet	Rapa
Oignon	Cepa
Olive	Olivae
Persil	Petroselinum
Pois	Pisum
Radis	Radicula
Salade	Sem

Littérature
Litteris

Analogie	Similitudo
Analyse	Analysis
Anecdote	Fabella
Auteur	Auctor
Biographie	Vita
Comparaison	Comparatione
Conclusion	Conclusio
Description	Description
Dialogue	Dialogus
Fiction	Ficta
Métaphore	Metaphora
Opinion	Sententia
Poème	Carmen
Poétique	Poetica
Rime	Concordare
Roman	Nove
Rythme	Numero
Style	Style
Thème	Argumentum
Tragédie	Tragoedia

Livres
Books

Auteur	Auctor
Aventure	Casus
Collection	Collectio
Contexte	Context
Dualité	Dualitatem
Écrit	Scriptum
Histoire	Fabula
Historique	Historica
Humoristique	Hujusmodi
Inventif	Ingeniosus
Lecteur	Lector
Littéraire	Litterarum
Mots	Verba
Page	Page
Pertinent	Pertinet
Poème	Carmen
Poésie	Carmina
Roman	Nove
Série	Series
Tragique	Tragici

Maison
Domus

Balai	Genistae
Bibliothèque	Library
Chambre	Locus
Cheminée	Foco
Clés	Claves
Clôture	Sepem
Cuisine	Vestibulum
Douche	Imber
Fenêtre	Fenestra
Garage	Garage
Grenier	Attica
Jardin	Hortus
Lampe	Lucerna
Miroir	Speculum
Mur	Murum
Plafond	Laquearia
Porte	Ostium
Rideaux	Pelles
Sous-Sol	Fundamentum
Toit	Tectum

Mammifères
Nullam

Baleine	Balena
Chat	Felis
Cheval	Equus
Chien	Canis
Coyote	Coyote
Dauphin	Delphini
Éléphant	Elephantis
Girafe	Panthera
Gorille	Orci
Kangourou	Macropus
Lapin	Lepus
Lion	Leo
Loup	Lupus
Mouton	Oves
Ours	Ursus
Renard	Vulpes
Singe	Simia
Taureau	Taurus
Tigre	Tiger
Zèbre	Zebra

Mathématiques
Math

Angles	Anguli
Arithmétique	Arithmetica
Carré	Quadratum
Décimal	Decimales
Diamètre	Diam
Division	Divisio
Exposant	Exponent
Équation	Aequatio
Fraction	Fractio
Géométrie	Geometria
Nombres	Numeri
Parallèle	Parallela
Périmètre	Perimeter
Polygone	Polygonum
Rayon	Radius
Rectangle	Rectangulum
Somme	Summa
Sphère	Sphaera
Symétrie	Praeditis
Triangle	Triangulum

Mesures
Mensurae

Centimètre	Centimeter
Degré	Gradus
Décimal	Decimales
Gramme	Gram
Hauteur	Altitudo
Kilogramme	Kilogram
Kilomètre	Kilometer
Largeur	Latitudo
Litre	Liter
Longueur	Longitudo
Masse	Massa
Mètre	Metri
Minute	Minutis
Octet	Byte
Once	Unciam
Pinte	Sextarium
Poids	Pondus
Pouce	Inch
Profondeur	Profundum
Tonne	Ton

Méditation
Meditatio

Acceptation	Acceptio
Attention	Operam
Calme	Tranquillitas
Clarté	Claritas
Compassion	Misericordia
Esprit	Mens
Émotions	Affectus
Gentillesse	Misericordiam
Gratitude	Gratia
Habitudes	Habitus
Mental	Mentis
Mouvement	Motus
Musique	Musica
Nature	Natura
Observation	Observatione
Paix	Pacem
Perspective	Prospectum
Posture	Staturam
Respiration	Spirans
Silence	Silentium

Météo
Tempestas

Arc-En-Ciel	Mauris
Atmosphère	Aeris
Brisc	Aura
Brouillard	Caligo
Calme	Tranquillitas
Ciel	Caelum
Climat	Caeli
Glace	Ice
Mousson	Etesia
Nuage	Nubes
Ouragan	Procellae
Polaire	Polar
Sec	Siccum
Sécheresse	Siccitate
Température	Tortor
Tempête	Tempestas
Tonnerre	Tonitrua
Tornade	Turbo
Tropical	Tropical
Vent	Ventus

Mythologie
Fabularis

Archétype	Archetypum
Catastrophe	Cladis
Ciel	Caelum
Comportement	Moribus
Créature	Creatura
Croyances	Opiniones
Culture	Cultura
Éclair	Fulgur
Force	Fortitudo
Guerrier	Bellator
Héros	Heros
Jalousie	Zelus
Labyrinthe	Labyrinthus
Légende	Legend
Magique	Magicalis
Monstre	Monstrum
Mortel	Mortale
Tonnerre	Tonitrua
Triomphant	Triumphantes
Vengeance	Vindictam

Nature
Natura

Abeilles	Apes
Animaux	Animalia
Arctique	Arctic
Beauté	Pulchritudo
Brouillard	Caligo
Désert	Deserto
Dynamique	Suscipit
Érosion	Exesa
Feuillage	Fronde
Fleuve	Flumen
Forêt	Silva
Glacier	Glacier
Montagnes	Montes
Nuage	Nubes
Paisible	Pacis
Sanctuaire	Sanctuarium
Sauvage	Fera
Serein	Serena
Tropical	Tropical
Vital	Vitalis

Nombres
Numeri

Cinq	Quinque
Deux	Duo
Décimal	Decimales
Dix	Decem
Dix-Huit	Decem et Octo
Dix-Neuf	Undeviginti
Dix-Sept	Septemdecim
Douze	Duodecim
Huit	Octo
Neuf	Novem
Quatorze	Quattuordecim
Quatre	Quattuor
Quinze	Quindecim
Seize	Sedecim
Sept	Septem
Six	Sex
Treize	Tredecim
Trois	Tres
Vingt	Viginti
Zéro	Nulla

Nourriture #1
Cibum #1

Abricot	Persicum
Ail	Allium
Basilic	Basilius
Café	Capulus
Carotte	Daucus
Citron	Lemon
Épinard	Spinach
Fraise	Fragum
Jus	Sucus
Lait	Lac
Navet	Rapa
Oignon	Cepa
Orge	Hordeum
Poire	Pirum
Salade	Sem
Sel	Sal
Soupe	Elit
Sucre	Sugar
Thon	Tuna
Viande	Cibum

Nourriture #2
Cibum #2

Amande	Vigilantem
Artichaut	Cactus
Aubergine	Eggplant
Blé	Triticum
Brocoli	Algentem
Cerise	Cerasus
Céleri	Apium
Champignon	Fungorum
Chocolat	Scelerisque
Jambon	Ham
Kiwi	Kiwi
Mangue	Mango
Oeuf	Ovum
Pain	Panem
Pêche	Persicum
Poisson	Pisces
Pomme	Apple
Poulet	Pullum
Raisin	Uva
Riz	Rice

Nutrition
Nutritionem

Amer	Amara
Appétit	Appetitus
Calories	Adipiscing
Comestible	Edulis
Diète	Diet
Digestion	Concoctionem
Épices	Aromata
Équilibré	Libratum
Fermentation	Fermentum
Glucides	Carbohydrates
Liquides	Liquores
Poids	Pondus
Protéines	Servo
Qualité	Qualitas
Sain	Sanus
Santé	Salutem
Sauce	Condimentum
Saveur	Saporem
Toxine	Toxin
Vitamine	Vitaminum

Océan
Oceanum

Algue	Alga
Anguille	Anguilla
Baleine	Balena
Bateau	Navi
Corail	Coral
Crabe	Cancer
Crevette	Squilla
Dauphin	Delphini
Éponge	Spongia
Huître	Ostrea
Méduse	Jellyfish
Poisson	Pisces
Poulpe	Polypus
Requin	Shark
Récif	Reef
Sel	Sal
Tempête	Tempestas
Thon	Tuna
Tortue	Turtur
Vagues	Fluctus

Oiseaux
Aves

Aigle	Aquila
Autruche	Struthionem
Canard	Anatis
Cigogne	Ciconia
Colombe	Columba
Corbeau	Corvus
Coucou	Cuckoo
Cygne	Swan
Flamant	Flamingo
Héron	Heron
Moineau	Passer
Mouette	Gull
Oeuf	Ovum
Oie	Anserem
Paon	Pavo
Perroquet	Psittacus
Pélican	Pelican
Pigeon	Columbam
Poulet	Pullum
Toucan	Toucan

Outils
Instrumenta

Agrafe	Solidis
Agrafeuse	Ipsum
Câble	Mauris
Ciseaux	Axicia
Colle	Gluten
Corde	Funem
Échelle	Scalam
Hache	Securis
Maillet	Malleo
Marteau	Malleus
Pelle	Rutrum
Pinces	Pliers
Rasoir	Novacula
Règle	Princeps
Roue	Rota
Torche	Facem
Vis	Stupra

Pays #2
Regionibus #2

Albanie	Albania
Chine	Lorem Ipsum
Danemark	Daniae
Ethiopie	Aethiopia
France	Gallia
Haïti	Haitia
Indonésie	Indonesia
Irlande	Hibernia
Jamaïque	Jamaica
Japon	Japan
Kenya	Kenya
Laos	Laos
Liban	Libanus
Mexique	Mexico
Ouganda	Uganda
Russie	Russia
Somalie	Somalia
Soudan	Sudania
Syrie	Syria
Ukraine	Ucraina

Paysages
Donec

Cascade	Cataracta
Colline	Hill
Désert	Deserto
Estuaire	Aestuarium,
Fleuve	Flumen
Geyser	Geyser
Glacier	Glacier
Grotte	Cave
Iceberg	Iceberg
Île	Insula
Lac	Lacus
Marais	Palus
Mer	Mare
Montagne	Montem
Oasis	Oasis
Péninsule	Peninsula
Plage	Beach
Toundra	Tundra
Vallée	Convallis
Volcan	Volcano

Pêche
Piscandi

Appât	Esca
Bateau	Navi
Branchies	Branchias
Crochet	Hamo
Cuire	Coques
Eau	Aqua
Exagération	Augendo
Équipement	Apparatu
Fil	Filum
Fleuve	Flumen
Lac	Lacus
Mâchoire	Maxilla
Océan	Oceanum
Panier	Canistrum
Patience	Patientia
Plage	Beach
Poids	Pondus
Saison	Temporum

Pirates
Piratae

Ancre	Anchor
Aventure	Casus
Capitaine	Captain
Carte	Map
Cicatrice	Cicatrix
Danger	Periculum
Drapeau	Vexillum
Épée	Gladium
Équipage	Cantavit
Grotte	Cave
Île	Insula
Légende	Legend
Mauvais	Malum
Océan	Oceanum
Or	Aurum
Perroquet	Psittacus
Pièces	Coins
Plage	Beach
Rhum	Rum
Trésor	Thesaurus

Plage
Beach

Bateau	Navi
Bleu	Blue
Côte	Ora
Crabe	Cancer
Dock	Gregem
Île	Insula
Lagune	Lacuna
Mer	Mare
Océan	Oceanum
Parapluie	Umbrella
Récif	Reef
Sable	Harena
Sandales	Sandalia
Serviette	Linteum
Soleil	Sol
Voilier	Navis

Plantes
Plantis

Arbre	Arbor
Baie	Berry
Bambou	Bamboo
Botanique	Botanicam
Buisson	Bush
Cactus	Cactus
Engrais	Stercorat
Feuillage	Fronde
Fleur	Flos
Flore	Flora
Forêt	Silva
Grandir	Crescere
Haricot	Bean
Herbe	Herba
Jardin	Hortus
Lierre	Hedera
Mousse	Muscus
Pétale	Petalorum
Racine	Radix
Végétation	Virentia

Professions #1
Professionibus #1

Ambassadeur	Legatus
Astronome	Astrologus
Avocat	Attornatum
Banquier	Remi
Bijoutier	Jeweler
Cartographe	Cartographer
Chasseur	Venator
Danseur	Saltator
Entraîneur	Raeda
Éditeur	Editor
Géologue	Geologist
Infirmière	Nutrix
Médecin	Medicus
Musicien	Musicus
Pianiste	The
Plombier	Plumbarius
Pompier	Firefighter
Psychologue	Psychologist
Scientifique	Scientist
Vétérinaire	Veterinarius

Professions #2
Professionibus #2

Astronaute	Astronaut
Biologiste	Biologist
Chercheur	Inquisitorem
Dentiste	Dentist
Détective	Inquisitor
Enquêteur	Investigator
Enseignant	Magister
Illustrateur	Illustrrator
Ingénieur	Engineer
Inventeur	Inventor
Jardinier	Hortulanus
Journaliste	Wisi
Linguiste	Linguist
Médecin	Medicus
Peintre	Pictor
Philosophe	Philosophus
Photographe	Pretium
Pilote	Gubernator
Professeur	Professor
Zoologiste	Zoologist

Randonnée
Hiking

Animaux	Animalia
Bottes	Tabernus
Camping	Castra
Carte	Map
Climat	Caeli
Eau	Aqua
Fatigué	Lassus
Guides	Duces
Lourd	Gravis
Météo	Tempestas
Montagne	Montem
Nature	Natura
Orientation	Orientation
Parcs	Parcis
Pierres	Lapides
Préparation	Praeparatio
Sauvage	Fera
Soleil	Sol
Sommet	Culmen

Remplir
Implere

Baril	Dolium
Bassin	Labrum
Bouteille	Utrem
Dossier	Folder
Enveloppe	Involucrum
Navire	Vas
Panier	Canistrum
Paquet	Fasciculus
Poche	Sinu
Sac	Bag
Seau	Situla
Tiroir	Perscriptorem
Tube	Tube
Valise	Vidulus
Vase	Vase

Restaurant #2
Restaurant #2

Chaise	Cathedra
Cuillère	Cochleari
Délicieux	Delectamentum
Dîner	Prandium
Eau	Aqua
Épices	Aromata
Fourchette	Furca
Fruit	Fructus
Gâteau	Massae
Glace	Ice
Légumes	Legumina
Oeuf	Ova
Poisson	Pisces
Salade	Sem
Sel	Sal
Soupe	Elit

Science
Scientia

Atome	Atom
Chimique	Eget
Climat	Caeli
Données	Data
Expérience	Experimentum
Évolution	Praegressus
Fait	Eo
Fossile	Fossile
Gravité	Gravitatis
Hypothèse	Rum
Laboratoire	Nulla
Méthode	Modus
Minéraux	Mineralibus
Molécules	Moleculis
Nature	Natura
Observation	Observatione
Particules	Particulis
Physique	Physica
Plantes	Plantis
Scientifique	Scientist

Science-Fiction
Scientia Ficta

Atomique	Atomicus
Dystopie	Dystopia
Explosion	Crepitus
Extrême	Extrema
Fantastique	Suspendisse
Feu	Ignis
Futuriste	Futuristic
Galaxie	Galaxia
Illusion	Illusio
Imaginaire	Imaginaria
Lointain	Distant
Monde	Mundi
Mystérieux	Arcanum
Oracle	Oraculum
Planète	Planeta
Romans	Conscripserit
Technologie	Nulla
Utopie	Utopia

Sports
Ludis

Arbitre	Referendarius
Athlète	Athleta
Base-Ball	Baseball
Basket-Ball	Ultrices
Championnat	Vindiciae
Entraîneur	Raeda
Équipe	Dolor
Gagnant	Victor
Golf	Golf
Gymnase	Gymnasium
Gymnastique	Gymnasticae
Hockey	Consectetuer
Jeu	Ludum
Joueur	Ludio Ludius
Mouvement	Motus
Stade	Stadium
Tennis	Tristique

Surf
Superficies

Athlète	Athleta
Champion	Fortissimus
Débutant	Inceptos
Estomac	Stomachum
Extrême	Extrema
Force	Fortitudo
Foules	Turbas
Météo	Tempestas
Mousse	Spuma
Océan	Oceanum
Pagaie	Remus
Plage	Beach
Populaire	Popularis
Récif	Reef
Style	Style
Vague	Unda
Vitesse	Celeritate

Technologie
Nulla

Affichage	Propono
Caméra	Camera
Curseur	Cursor
Données	Data
Écran	Screen
Fichier	File
Internet	Internet
Logiciel	Software
Message	Nuntius
Navigateur	Pasco
Numérique	Digital
Ordinateur	Eu
Recherche	Research
Sécurité	Securitatem
Virtuel	Rectum
Virus	Virus

Temps
Tempus

Année	Anno
Annuel	Annua
Après	Post
Avant	Ante
Bientôt	Mox
Calendrier	Calendar
Décennie	Decennium
Futur	Futurum
Heure	Hora
Hier	Heri
Horloge	Horologium
Jour	Die
Maintenant	Nunc
Matin	Mane
Midi	Meridies
Minute	Minutis
Mois	Mense
Nuit	Nocte
Semaine	Septimana
Siècle	Century

Types de Cheveux
Genera Capillos

Argent	Argentum
Blanc	Albus
Blond	Flavis
Boucles	Cincinnis
Brillant	Crus
Chauve	Calvus
Coloré	Coloratum
Court	Denique
Doux	Mollis
Épais	Crassus
Frisé	Crispus
Gris	Gray
Lisse	Lenis
Long	Diu
Marron	Brown
Mince	Tenuis
Noir	Nigrum
Sain	Sanus
Sec	Siccum
Tressé	Tortis

Vacances #1
Vacation #1

Avion	Vivamus
Billet	Aliquam
Devise	Monetæ
Départ	Discessum
Douane	Consuetudines
Expédition	Expeditione
Itinéraire	Itinerarium
Lac	Lacus
Musée	Museum
Parapluie	Umbrella
Relaxation	Consequat
Sac à Dos	Mantica
Touriste	Viator
Tram	Tram
Valise	Vidulus
Voiture	Car

Vacances #2
Vacation #2

Aéroport	Elit
Camping	Castra
Carte	Map
Étranger	Aliena
Hôtel	Hotel
Île	Insula
Loisir	Otium
Mer	Mare
Montagnes	Montes
Passeport	Singraphus
Photos	Imagines
Plage	Beach
Restaurant	Amet
Taxi	Taxi
Tente	Tabernaculum
Train	Comitatu
Transport	Nulla
Vacances	Ferias
Visa	Visa
Voyage	Iter

Vertus #1
Virtutes #1

Artistique	Artis
Bon	Bonum
Charmant	Venustus
Confiant	Confidit
Curieux	Curiosus
Décisif	Decretorium
Efficace	Efficiens
Fiable	Certa
Généreux	Liberalis
Indépendant	Independens
Intelligent	Intelligens
Modeste	Modestus
Passionné	Iracundus
Patient	Patiens
Pratique	Practica
Propre	Mundus
Sage	Sapiens
Utile	Benevolens

Véhicules
Vehicula

Ambulance	Ambulance
Avion	Vivamus
Bateau	Navi
Camion	Dolor
Caravane	Comitatum
Ferry	Porttitor
Fusée	Eruca
Hélicoptère	Helicopter
Métro	Subway
Moteur	Motor
Pneus	Tires
Radeau	Ratis
Scooter	Scooter
Sous-Marin	Submarine
Taxi	Taxi
Tracteur	Tractor
Train	Comitatu
Voiture	Car

Vêtements
Vestimenta

Bijoux	Jewelry
Bracelet	Armillam
Ceinture	Cingulum
Chapeau	Hat
Chaussettes	Tibialia
Chaussure	Nulla Nec
Chemise	Shirt
Chemisier	Blouse
Collier	Monile
Foulard	Chlamydem
Gants	Caestus
Jupe	Lacinia
Manteau	Coat
Mode	More
Pantalon	Braccae
Pull	Sweater
Pyjama	Pajamas
Robe	Habitu
Sandales	Sandalia
Veste	Jacket

Ville
Oppidum

Aéroport	Elit
Banque	Ripam
Bibliothèque	Library
Boulangerie	Pistrinum
Café	Casu
Clinique	Eget
École	Schola
Fleuriste	Florist
Galerie	Gallery
Hôtel	Hotel
Librairie	Bookstore
Magasin	Store
Musée	Museum
Pharmacie	Atqui
Restaurant	Amet
Stade	Stadium
Supermarché	Forum
Théâtre	Theatrum
Université	University
Zoo	Exo

Félicitations

Vous avez réussi !

Nous espérons que vous avez apprécié ce livre autant que nous avons pris plaisir à le concevoir. Nous faisons de notre mieux pour créer des livres de la meilleure qualité possible.
Cette édition est conçue pour permettre un apprentissage intelligent et de qualité en se divertissant !

Vous avez aimé ce livre ?

Une Simple Demande

Nos livres existent grâce aux avis que vous publiez. Pourriez-vous nous aider en laissant un avis maintenant ?

Voici un lien rapide qui vous mènera à votre
page d'évaluation de vos commandes :

BestBooksActivity.com/Avis50

CHALLENGE FINAL !

Défi n°1

Êtes-vous prêt pour votre jeu bonus ? Nous les utilisons tout le temps mais ils ne sont pas si faciles à trouver. Voici les **Synonymes** !

Notez 5 mots que vous avez trouvés dans les puzzles notés ci-dessous (n°21, n°36, n°76) et essayez de trouver 2 synonymes pour chaque mot.

Notez 5 Mots du *Puzzle 21*

Mots	Synonyme 1	Synonyme 2

Notez 5 Mots du *Puzzle 36*

Mots	Synonyme 1	Synonyme 2

Notez 5 Mots du *Puzzle 76*

Mots	Synonyme 1	Synonyme 2

Défi n°2

Maintenant que vous vous êtes échauffé, notez 5 mots que vous avez découverts dans les Puzzles n° 9, n° 17, n° 25 et essayez de trouver 2 antonymes pour chaque mot. Combien pouvez-vous en trouver en 20 minutes ?

Notez 5 Mots du **Puzzle 9**

Mots	Antonyme 1	Antonyme 2

Notez 5 Mots du **Puzzle 17**

Mots	Antonyme 1	Antonyme 2

Notez 5 Mots du **Puzzle 25**

Mots	Antonyme 1	Antonyme 2

Défi n°3

Formidable ! Ce défi final n'est rien pour vous.

Prêt pour le dernier défi ? Choisissez 10 mots que vous avez découverts parmi les différents puzzles et notez-les ci-dessous.

1.	6.
2.	7.
3.	8.
4.	9.
5.	10.

Maintenant, composez un texte en pensant à une personne, un animal ou un lieu que vous aimez !

Astuce: Vous pouvez utiliser la dernière page de ce livre comme brouillon !

Votre Composition :

_____

_____

_____

_____

_____

_____

_____

CARNET DE NOTES :

À TRÈS BIENTÔT !

Toute l'équipe

DECOUVREZ DES JEUX GRATUITS

GO

↓

BESTACTIVITYBOOKS.COM/FREEGAMES